栄養科学シリーズ NEXT
Nutrition, Exercise, Rest

食べ物と健康，給食の運営
基礎調理学

大谷貴美子・松井元子／編

講談社

シリーズ総編集

木戸　康博	京都府立大学 名誉教授
宮本　賢一	龍谷大学農学部食品栄養学科 教授

シリーズ編集委員

河田　光博	京都府立医科大学 名誉教授
桑波田雅士	京都府立大学大学院生命環境科学研究科 教授
郡　　俊之	甲南女子大学医療栄養学部医療栄養学科 教授
塚原　丘美	名古屋学芸大学管理栄養学部管理栄養学科 教授
渡邊　浩幸	高知県立大学健康栄養学部健康栄養学科 教授

執筆者一覧

饗庭　照美	元京都華頂大学現代家政学部食物栄養学科 教授(4.1, 6.4B)
岩田恵美子	畿央大学健康科学部健康栄養学科 准教授(6.6)
大谷貴美子*	京都府立大学 名誉教授(1, 2.2)
岸田　恵津	兵庫教育大学大学院学校教育研究科 教授(5.5Dbc, 6.2C, 6.4D)
清水　彩子	金城学院大学生活環境学部食環境栄養学科 准教授(6.1E〜I)
白杉(片岡)直子	神戸大学 名誉教授(4.3)
髙村　仁知	奈良女子大学研究院生活環境科学系食物栄養学領域 教授(5.1〜5.4)
冨田　圭子	近畿大学農学部食品栄養学科 准教授(3.1〜3.3)
野村　知未	神奈川工科大学健康医療科学部管理栄養学科 准教授(6.1A〜D)
東根　裕子	甲南女子大学医療栄養学部医療栄養学科 教授(6.5, 6.7)
平島　　円	三重大学教育学部 教授(3.4)
藤原　智子	京都ノートルダム女子大学現代人間学部生活環境学科 教授(2.1, 2.3〜2.5)
松井　元子*	京都府立大学 名誉教授(6.3, 6.4ACEF)
光森　洋美	京都府立大学生命環境学部食保健学科 非常勤講師(6.2ABD)
村元由佳利	京都府立大学大学院生命環境科学研究科 講師(4.2, 5.5A〜Da, 7)

(五十音順，＊印は編者，かっこ内は担当章・節・項)

まえがき

　日本は，国土が南北に長く海に囲まれているため自然豊かで，四季折々のさまざまな食材に恵まれています．そのようななかで，感性豊かな日本人は，知恵と工夫で特徴ある日本の食文化を築いてきました．また，アジア地域はもとより世界中の多様な食文化や食べ物を柔軟に日常の食事にとり入れてきました．

　しかし近年，情報化社会の進展や科学技術の進歩，家族構造・ライフスタイルの多様化などに伴い，食環境の劇的な変化を余儀なくされました．そして，食の簡便化，外部化が急速に進み，人間が生きていくうえで不可欠な生活技術である「調理」離れが進んでいます．

　私たちは，生きていくために必要な栄養を食品からとり入れていますが，食品そのものを食べることはほとんどありません．主食のコメにおいても加熱しなければ食することはできません．野菜ですら洗浄や切断等の操作や盛りつけが必要です．このように「食品」に手を加えて「食べ物」にするのが「調理」です．それは，特定の個人または集団を対象とし，"おいしく食べて健康でいてほしい"という調理する人の気持ちを料理として創造性豊かに表現するもので，不特定多数を対象とし，一定品質の商品（食品）として，包装・運搬・保存できる食品をつくる「加工」とは異なるものです．

　本書は，2000年に刊行された『調理学』を改題改訂したものです．日本の食文化をもとに基本的な調理操作を解説し，食品・食材の特性をいかし安全でおいしい食事をデザインできるよう編集しましたが，今後読者の方々のご批判を仰ぎながら，より充実したものに改めていく所存です．

　最後に，本書執筆に際し資料として著書・文献を参考あるいは引用させていただいた諸先生方に感謝申し上げるとともに，出版にあたりご配慮いただいた総編集，編集委員の先生方，講談社サイエンティフィクの堀恭子氏に厚く御礼申し上げる次第です．

　2017年3月

編者　大谷貴美子

松井　元子

◆ 8刷重版時に日本人の食事摂取基準（2025年版），4刷重版時に日本食品標準成分表2020年版（八訂）に準拠し，その他の内容についても更新修正しています．

栄養科学シリーズ NEXT 新期刊行にあたって

　「栄養科学シリーズNEXT」は，"栄養Nutrition・運動Exercise・休養Rest"を柱に，1998年から刊行を開始したテキストシリーズです．2002年の管理栄養士・栄養士の新カリキュラムに対応し，新しい科目にも対応すべく，書目の充実を図ってきました．新カリキュラムの教育目標を達成するための内容を盛り込み，他の専門家と協同してあらゆる場面で健康を担う食生活・栄養の専門職の養成を目指す内容となっています．一方，2009年，特定非営利活動法人日本栄養改善学会により，管理栄養士が備えるべき能力に関して「管理栄養士養成課程におけるモデルコアカリキュラム」が策定されました．本シリーズではこれにも準拠するべく改訂を重ねています．

　この度，NEXT草創期のシリーズ総編集である中坊幸弘先生，山本茂先生，およびシリーズ編集委員である海老原清先生，加藤秀夫先生，小松龍史先生，武田英二先生，辻英明先生の意思を引き継いだ新体制により，時代のニーズと栄養学の本質を礎にして，改めて，次のような編集方針でシリーズを刊行していくこととしました．

- ・各巻ごとの内容は，シリーズ全体を通してバランスを取るように心がける
- ・記述は単なる事実の羅列にとどまることなく，ストーリー性をもたせ，学問分野の流れを重視して，理解しやすくする
- ・レベルを落とすことなく，できるだけ平易にわかりやすく記述する
- ・図表はできるだけオリジナルなものを用い，視覚からの内容把握を重視する
- ・4色フルカラー化で，より学生にわかりやすい紙面を提供する
- ・管理栄養士国家試験出題基準(ガイドライン)にも考慮した内容とする
- ・管理栄養士，栄養士のそれぞれの在り方を考え，各書目の充実を図る

　栄養学の進歩は著しく，管理栄養士，栄養士の活躍の場所も益々グローバル化すると予想されます．最新の栄養学の専門知識に加え，管理栄養士資格の国際基準化，他職種の理解と連携など，新しい側面で栄養学を理解することが必要です．本書で学ばれた学生達が，新しい時代を担う管理栄養士，栄養士として活躍されることを願っています．

シリーズ総編集　　木戸　康博
　　　　　　　　　宮本　賢一

基礎調理学 —— 目次

1. 調理学とは ... 1
- 1.1 調理学に求められること ... 1
- 1.2 現代社会と調理学 ... 2
- 1.3 食品ロスと調理学 ... 3
- 1.4 地球環境と調理学 ... 4

2. 日本の食文化と調理 ... 6
- 2.1 風土 ... 6
  - A. 自然的背景 ... 6
  - B. 歴史的背景 ... 7
- 2.2 日本の食文化を支える水・米・大豆 ... 9
  - A. 水 ... 9
  - B. 日本人の主食　米 ... 11
  - C. 日本の食卓を彩る大豆 ... 13
- 2.3 道具 ... 14
- 2.4 調理法 ... 16
- 2.5 様式・作法 ... 18

3. 食べ物のおいしさとは ... 21
- 3.1 おいしさとは ... 21
- 3.2 おいしさはどのようなものに影響されるのか（客観的要因） ... 22
  - A. 化学的要因 ... 22
  - B. 物理的要因 ... 27
  - C. その他の要因 ... 29
- 3.3 おいしさの演出 ... 30
  - A. コンセプトに基づいた食事演出 ... 30
  - B. ハレとケの演出 ... 30
  - C. 食空間全体の演出 ... 31
  - D. 食空間に用いる色と照明 ... 31
- 3.4 おいしさはどのようにして評価されるのか ... 32
  - A. 官能評価（主観的評価） ... 32
  - B. 機器評価（客観的評価） ... 38

4. 食事をデザインしよう ……………………………………………… 41
4.1 食事とは ……………………………………………………… 41
   A. 食べることの意味 …………………………………………… 41
   B. 日本人の食事摂取基準 ……………………………………… 42
   C. ライフステージの特徴と食事 ……………………………… 45
4.2 献立をつくろう ………………………………………………… 47
   A. 一汁三菜(五味・五色・五法など) ………………………… 47
   B. 日常食 ………………………………………………………… 48
   C. 供応食と行事食 ……………………………………………… 48
4.3 台所からみる環境問題 ………………………………………… 51
   A. 調理とエネルギー消費 ……………………………………… 52
   B. 調理と台所排水 ……………………………………………… 54
   C. 調理による廃棄物 …………………………………………… 56

5. 基本的な調理操作 …………………………………………………… 59
5.1 調理の意義 ……………………………………………………… 59
   A. 調理を行って食べる目的 …………………………………… 59
5.2 計量 ……………………………………………………………… 60
   A. 重量 …………………………………………………………… 60
   B. 容量 …………………………………………………………… 60
   C. 温度 …………………………………………………………… 61
5.3 味付け …………………………………………………………… 61
   A. 味付けにかかわる要因 ……………………………………… 62
   B. 味付けの原理 ………………………………………………… 62
   C. 調味料の使用のコツ ………………………………………… 63
5.4 非加熱調理(器具も含む) ……………………………………… 64
   A. 洗浄(洗う・研ぐ・濯ぐ・晒す) …………………………… 64
   B. 浸漬(漬ける・浸す・戻す) ………………………………… 65
   C. 切断(切る・剥く・削る・裂く・削ぐ・刻む・引く・刳り抜く・捌く) … 68
   D. 磨砕・粉砕(卸す・砕く・潰す・擂る(当たる)・割る・裏漉しする) … 68
   E. 混合(混ぜる・和える・塗す・捏ねる・練る・打つ・絡める・
      泡立てる・篩う) …………………………………………… 68
   F. ろ過(漉す・搾る) …………………………………………… 68
   G. 冷却(冷ます・冷やす・寄せる) …………………………… 69
   H. 冷凍 …………………………………………………………… 69
   I. 解凍 …………………………………………………………… 70
5.5 加熱調理 ………………………………………………………… 70
   A. エネルギー源(ガス・電気) ………………………………… 70
   B. 加熱調理器具(器具としくみ) ……………………………… 71

  C. 湿式加熱(ゆでる・煮る・蒸す・炊く・過熱水蒸気) ………………… 74
  D. 乾式加熱(焼く・炒める・揚げる) ………………………………… 76

6. 食品の特性を知って調理する ……………………… 80
 6.1 植物性食品の調理による変化を知ろう …………………………… 80
  A. 米(炊飯の科学) ………………………………………………… 80
  B. 穀類粉(米粉・小麦粉) ………………………………………… 83
  C. いも類 …………………………………………………………… 87
  D. 豆類 ……………………………………………………………… 90
  E. 種実類 …………………………………………………………… 92
  F. 野菜類 …………………………………………………………… 93
  G. 果実類 …………………………………………………………… 96
  H. 海藻類 …………………………………………………………… 98
  I. きのこ類 ………………………………………………………… 99
 6.2 動物性食品の調理による変化を知ろう …………………………… 100
  A. 獣鳥肉類 ………………………………………………………… 101
  B. 魚介類 …………………………………………………………… 107
  C. 卵類 ……………………………………………………………… 111
  D. 乳・乳製品 ……………………………………………………… 115
 6.3 成分抽出素材 ………………………………………………………… 118
  A. デンプン ………………………………………………………… 119
  B. ゼリー形成素材 ………………………………………………… 122
  C. 分離タンパク質 ………………………………………………… 126
 6.4 調味料 ………………………………………………………………… 127
  A. 砂糖(ショ糖) …………………………………………………… 127
  B. 食塩 ……………………………………………………………… 129
  C. 酢 ………………………………………………………………… 130
  D. 油脂類 …………………………………………………………… 133
  E. その他の調味料 ………………………………………………… 135
 6.5 香辛料 ………………………………………………………………… 140
 6.6 加工食品(乾物などの保存食品を含む) …………………………… 142
  A. 乾燥食品 ………………………………………………………… 142
  B. 調理済み食品 …………………………………………………… 142
  C. 半調理済み食品 ………………………………………………… 143
  D. 缶詰・びん詰食品 ……………………………………………… 143
  E. レトルト食品 …………………………………………………… 143
  F. 冷凍食品 ………………………………………………………… 144
  G. インスタント食品 ……………………………………………… 144
  H. その他 …………………………………………………………… 144
 6.7 嗜好飲料 ……………………………………………………………… 146

    A. 茶 …………………………………………………………………… 146
    B. コーヒー ……………………………………………………………… 148
    C. アルコール飲料 ……………………………………………………… 148
    D. その他（果実飲料・アイソトニック飲料・ミネラルウォーター類）…… 149

7. 安全な食事を供するには …………………………………………… 151
   7.1 食中毒の予防 …………………………………………………… 151

参考図書 ………………………………………………………………… 155
付　　録 ………………………………………………………………… 156
    A. 調理器具のいろいろ ………………………………………………… 156
    B. 2点識別試験法検定表 ……………………………………………… 158
    C. 2点嗜好試験法検定表 ……………………………………………… 158
    D. Kendall の一致性の係数 W の検定表 …………………………… 159
    E. F 分布 ……………………………………………………………… 160
    F. Newell & MacFarlane の検定表 …………………………………… 162
索　　引 ………………………………………………………………… 163

1. 調理学とは

1.1 調理学に求められること

　ヒトが生命活動を維持するためには，動植物と同様に必要な栄養素を外部から摂取しなければならない．ヒトの食と動物の食の最も大きく異なる点は，ヒトは，生きるために必要な栄養素を，栄養素として摂取しているのではなく，それを含む食品（他者の命）に，何らかの操作（調理操作）を加え，食べられるかたち，つまり料理として摂取しているということである．

　ヒトは二足歩行することにより両手が自由に使えるようになった．それにより火を調整しながら用いる術を学び，食べ物を得るための道具をつくり，協働して食べ物を獲得するなかで多くの言葉を編み出し，食の世界を飛躍的に拡大してきた．そしてさまざまな食文化も生み出してきた．ところが，今やヒトの知恵と食性は，他の動植物の生存そのものも脅かすものとなり，地球環境にも多大な影響を与える結果となっている．加えて，誤った食べ方により自らの心身の健康を損なってもいる．

　では，何のために調理をするのか．第5章でも詳しく述べるが，食の目的の根幹に生存がある以上，何をおいても，食する物が安全でなければならない．そのために，洗浄，不可食部の除去，加熱による殺菌，毒性物質の不活化などが必要とされる．さらに，生命の維持活動に必要な栄養素を摂取するためには，食品に含まれる栄養素そのものが損なわれないように，また含まれている栄養素がより有効に利用されるように食品に調理操作を加える．そして，つくられた料理が喫食され，喫食者に満足感を与えるためには，おいしさ（化学的なおいしさ・物理的なおいしさ・心理学的なおいしさ）をつくり出すことも調理をする大きな目的である．

つまり，調理の目的は，喫食者のQOL（quality of life：生活の質）の向上に寄与するように，食材をいかし，料理をつくることである．しかし「調理学」に求められていることは，それだけではない．それは，地球上の生きとし生けるものたちの持続可能な生存と共存共栄を図れるような，たとえば食材を無駄にすることなく使い切る（食品ロスをなくす）など，理に適った食生活実践能力を育むことである．

1.2　現代社会と調理学

　図1.1は，食の**外部化**がどのように進行してきたかを示したものである．外部化率とは，外食率（食料消費支出に占める外食の割合）に惣菜・調理食品の支出割合を加えたものである．ライフスタイルの変化に伴い食の外部化が進行し，購入した食品を使って家庭で調理をしたものを食べる内食が減っている．そして，それに伴い食の画一化が進行し，家庭の味や食文化の地域特性が失われつつある．加えて，家庭での調理経験が減ったことで，調理用語の意味が理解できない人が増えている．

　別の視点からみると，食品と喫食者の距離が遠くなり，命のみえない食品が増え，食べ物への感謝の気持ちが薄らいでいる．加えて，流通の変化により，食べ物が手元に届くまでに多くの人の手が加わり，食の安全性の面でも多くの問題を生じさせている．出来上がった料理が，どのようなプロセスを経てつくられたものか，どのような調味料等が使用されているかなどは，自らが調理をして初めて気づく視点である．

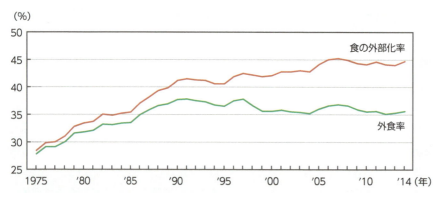

図 1.1　食の外部化率と外食率の推移

［堀田宗徳, 野菜情報 2015 年 12 月号, （独）農畜産業振興機構（原資料：内閣府「国民経済計算」（公財）食の安全安心財団「外食産業市場規模推計値」等から推計）］

1.3 食品ロスと調理学

　世界の穀物生産量は，約24億トン（2015年）とされ，世界の人々（人口：71億人）に均等に分けたとすると，一人当たり338 kgの穀物が供給できる．一人当たりの一年間の標準必要量は180 kgとされており，計算上は地球上に飢える人はいない．しかし，実際は栄養失調に陥っている人が8億人以上，つまり世界の人口の約1/9が飢えに苦しんでいる．それはなぜなのか．理由のひとつは，穀物生産量のうち約34％は家畜の餌に，20％は加工用やバイオ燃料の材料となり，食用に回されるのは46％，すなわち半分以下であるからである．さらに，食用穀物の分配の不均衡がある．世界の2割足らずの先進国に住む人間が食用穀物の半分以上を消費しているからである．その先進国のひとつである日本の食料事情はどうなっているのか．**食料自給率**（カロリーベース）約40％という現実のなかで，年間5,500万トンの食品を海外から輸入し，1,800万トンもの食品を捨てている（2012年）．

　図1.2は，国民一人当たりの供給熱量と摂取熱量の推移を示したものである．直近5年間の両者の差をみてみると，おおよそ600 kcal，つまり，国民一人当たりの供給熱量の約1/4を食べずに捨てている計算となる．一方，家庭から出される台所ごみは，870万トンにも及ぶとされ（2013年度推計　農林水産省），国民一人当たりに換算すると約70 kgと推計されている．そこには，食べずに捨てられたもの，買いすぎが原因で利用されなかったものも含まれる．

　食品ロス統計調査・世帯調査（2014年度）によると，世帯食（家庭において調理，飲食したもので，買ってきたお弁当なども含む）の食品ロス率（食品の可食部使用量に占める食

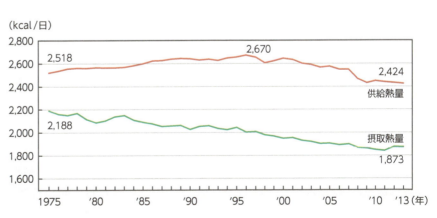

図1.2　国民一人当たり摂取熱量および供給熱量の推移

注：供給熱量は年度ベースの数値．また，2013年度は概算値．

[農林水産省「食料需給表」，厚生労働省「国民健康・栄養調査」]

図 1.3 主な食品別の食品ロス率(2014 年度)

品ロス量の割合)は 3.7% とされ,過剰除去によるものが 2.0% と最も多く占めている.図 1.3 は,主な食品別の食品ロス率を示したものである.

家庭における食品ロスを少なくするためにはどうすればよいのか.それは,食材の計画的な購入にはじまる献立作成,調理過程において食材を知り過剰除去にならない包丁技術,さらには残菜が出ないように適量でおいしい料理がつくれること,そして余った食材や料理を有効利用し,ごみとして排出しない知恵と調理技術が必要とされる.

1.4 地球環境と調理学

食生活の欧米化に伴い,日本では生活習慣病対策が国家的な課題となり,日本型食生活の見直しがなされている.肉類は,1 kg 生産するのにその何倍もの穀物が必要(牛肉 11 kg,豚肉 7 kg,鶏肉 4 kg)とされることから,**資源集約的な食品**とされるが,日本の肉類の自給率 55%(2014 年概算値)は,餌(飼料)の自給率(30%以下)を考慮するとわずか 9% となり,現在の日本人の欧米型の食生活は海外から輸入される大量の食品によって成り立っている.そして,日本の食料輸入に伴う二酸化炭素の排出量は,年間 1,690 万トン(一人当たりでは 130 kg)とされ,地球環境に大きな影響を与えている.

また,年間に排出される生ごみの量はおおよそ 1,800 万トンとされ,**食品リサイクル法**により生ごみの資源化も進んではいるが,家庭から出される生ごみのほとんどはリサイクルされていない.生ごみを 1 トン処理するにはおおよそ 2051.3 kg の二酸化炭素(運搬に要する燃料から排出する二酸化炭素の量は 15.9 kg,焼却に要する燃料から排出する二酸化炭素の量は 1979.0 kg,燃焼する際に放出する二酸化炭素の

表1.1 地球温暖化対策として提案されているとりくみ例

	とりくみの例	一世帯当たりの年間CO_2削減効果	一世帯当たりの年間節約効果
1	冷房温度を1℃高く，暖房温度を1℃低く設定	約33 kg/年	約1,800円/年
2	週2日往復8 kmの車の運転を控える	約184 kg/年	約9,200円/年
3	1日5分間のアイドリングストップを行う	約39 kg/年	約1,900円/年
4	待機電力を50%削減する	約60 kg/年	約3,400円/年
5	シャワーを1日1分，家族全員が減らす	約69 kg/年	約7,100円/年
6	風呂の残り湯を洗濯に使いまわす	約7 kg/年	約4,200円/年
7	ポットやジャーの保温を止める	約34 kg/年	約1,900円/年
8	家族が同じ部屋で団らんし，暖房と照明を2割減らす	約238 kg/年	約10,400円/年
9	買い物袋を持ち歩き，省包装の野菜など選ぶ	約58 kg/年	―
10	テレビ番組を選び，1日1時間テレビ利用を減らす	約14 kg/年	約800円/年

［環境省/一人ひとりの温暖化対策］

量は 56.4 kg）が排出されることから，地球環境に大きな影響を与えていることがわかる．参考までに，二酸化炭素削減の具体的なとりくみとその削減量を表1.1に示す．

よって，献立を立てる際には，どのような食品（地産地消・旬産旬消）を利用するのがよいのか，食品ロスを少なくするために何ができるのか，使い切れなかった食材の活用方法，食べ残しをしないための料理の提供，後片付けの仕方など，地球環境にやさしい持続可能な食生活の実現をめざすうえで「調理学」が果たす役割は大きい．詳細については，4.3節の「台所からみる環境問題」で述べる．

知っていますか．このマーク．「ろすのん」

これは「食品ロス削減関係省庁等連絡会議（消費者庁，内閣府，文部科学省，農林水産省，経済産業省，環境省の6府省からなる）」が，『「もったいない」をとり戻そう！』を合言葉として，生活者一人ひとりが自ら意識し行動を変革する食品ロス削減に向けた国民運動 NO-FOODLOSS プロジェクトのためのキャラクターとして採用されたロゴマークである．このマークは，食品ロス削減に積極的にとりくもうとする意思表明をするためのもので，これを使用したい場合は，食品産業環境対策室長宛てに利用許諾の申請をすることになっている．

http://www.maff.go.jp/j/shokusan/recycle/syoku_loss/

2. 日本の食文化と調理

2.1 風土

A. 自然的背景

　日本列島は四方を海に囲まれた複雑な地形を有しており，中央には国土の6割以上を占める山地がのびていて，これにより日本海側と太平洋側に分けられている．気候区分は，南北に長いため，北海道は亜寒帯，沖縄は亜熱帯に属しているが，ほとんどが温帯に属し，四季がはっきりしているという特徴がある．また，太平洋側と日本海側でも気候は大きく異なり，特に降水量に大きな差がみられる．島国である日本は暖流の日本海流（黒潮）や対馬海流の影響を強く受け，夏は太平洋から吹きつける南東の季節風（モンスーン）が太平洋側に降雨をもたらし，冬は大陸から吹きつける北西の季節風によって日本海側に雪が降る．このように，日本では地球の公転によって生じる気温差だけではなく，地形，海流，季節風の影響により，広いとはいえない国土のなかに異なる天候が存在することとなり，食文化においても多様で豊かな地域性が生まれた．

　日本ではその土地の環境に順応しながら農作物を栽培し，また海からの恵みも享受していたことから，自然崇拝，すなわち自然そのものを神として崇め，収穫を感謝し，繁栄祈願や災厄の除去を祈るといった祭儀・儀礼を中心とした生活習慣を形成していった．日常（ケの日）とは別に特別な日（ハレの日）があり，ハレの日には季節の移ろいとともに毎年同じ時期に巡ってくる年中行事と，人の一生の節目にあたる人生儀礼があり，少しずつかたちを変えながら現在でも継承されているものが多い．それぞれの行事には，それにまつわる食べ物が存在し，その土地の旬の食材をとり入れる工夫がなされている．

また，季節による変動があるとはいえ，一年間の国土全体の降水量は世界平均の2倍あり，日本は水資源が豊富な国であるといえる．世界人口の半数は米を主食としているが，その多くが耐熱性・耐乾性に優れたインディカ種であるのに対し，日本人が好む粘りがあるジャポニカ種は，寒さには強いが稲作に大量の水を必要とする．水に恵まれた日本では，温帯ジャポニカ米を中心にして独特の米文化が形成されていった．さらに日本の水は国土が狭く，透水性の高い火山性の地層が多いことから，雨水や雪解け水が地中に留まる期間が短くなるため，ミネラル含量の少ない軟水である．このため，炊飯をはじめ，煮物やゆで物など軟水に合致した調理法が発達した．「うま味」の起源となった「だし」が日本固有の食文化として発展したのも，軟水がだしをとるのに適していたからといえる．

B. 歴史的背景

現在の喫食スタイルのルーツは奈良・平安時代まで遡る．日本食の特徴である米が主食となり，肉食を禁じた代わりに大豆や魚をタンパク質源として，食事作法が出来上がっていった．

最も古い料理様式は大饗料理といわれるものである．平安時代に宮中貴族の社交儀礼のなかで発達した宴会料理で，定められた切り方や寸法で生ものや干物を盛りつけて並べ，各人は自分の前に置かれた小さな皿のなかで酢・塩・醬などの調味料を合わせ，自分で味付けをするといったものであった．料理の皿数が偶数であること，箸とともに匙（スプーン）が置かれていたことなどから朝鮮半島を経由した中国文化の影響を強く受けていたことがわかる．もっとも匙はその後の日本に定着せず，ジャポニカ種の米を用いたもっちりと粘りのあるややかための飯を好んだことから器を手に持って箸で食事をする方法が根付いていった．また，この頃から料理人は庖丁人とも呼ばれ，切る調理操作が重要視された．やがて大饗料理は公家の料理形式として有職料理へとまとまっていき，中国文化の影響が排されて，包丁式など食の儀式とともに宮中のハレの日の料理となった．

一方，精進料理は仏教僧が食べる料理として中国から伝わったもので，これとともにそれまでは朝夕の一日二食であったものが，貴族や寺院のなかで一日三食の習慣がはじまるようになった．

鎌倉時代になると，仏教に新しい宗派が数多く生まれ，それぞれの宗派の教えとともに精進料理も一般へと広がっていった．特に禅宗では調理が修行のひとつとされ，肉食忌避の思想のもとで高度な調理技術を磨き，植物性食品を動物性食品の味に近づける工夫がなされた．なかでも道元が『典座教訓』や『赴粥飯法』といった書物を著し，食事の意味を説いた曹洞宗の調理技術は，その後の和食や茶道などに大きな影響を与えたといわれている．

室町時代になると，幕府が京都に置かれ，公家社会との交流が盛んになった武

家社会において礼法が確立され，料理様式としても大饗料理の儀式的要素と精進料理の技術的要素を組み合わせた本膳料理が成立した．儀式料理ではあるが，大饗料理と大きく異なる点は，銘々に膳が用意され，奇数の皿数となり，箸のみが使われるようになったことである．本膳料理の様式は江戸時代に完成したが，献立や食べ方，服装に至るまで細かい作法があるため，やがて衰退していった．しかしながら，左に飯碗，右に汁椀という配置や，一汁三菜という様式などは現在の和食の原型となっている．

　本膳料理は堅苦しいだけではなく，儀式用であるため，つくりおきした冷めた料理が基本で，食事を楽しむにはほど遠いものであった．やがて懐石料理や会席料理が出現し，権力を誇示することから料理そのものを楽しむことへ食事の目的は変化していった．

　安土桃山時代に千利休によって様式が完成した懐石料理は，本来，一汁三菜を基本とし，茶の湯の席で喫茶の前に供されるものであった．茶の湯は禅院の茶礼を発祥とした関係から懐石料理は精進料理の影響を強く受けている．季節感を大切にし，素材の持ち味をいかし，料理を出すタイミングにもこだわり，食事空間にも配慮したもてなしを体現する様式として，現在は茶道だけではなく料亭などで出される高級日本料理として世界的に高い評価を受けている．なお，「懐石」とは禅宗の温石（修業僧が空腹や寒さをしのぐため温めた石を布などでくるみ，懐中に入れて用いた道具）に通じ，江戸時代になってから称されるようになった．

　一方で，江戸時代も中期になると大衆を対象とした料理茶屋が出現する．そこでは本膳料理や懐石をアレンジした会席料理が振る舞われた．会席料理は酒を楽しむ料理として，現在でも宴席で一般的に用いられている．懐石料理との主な違いを表2.1に示す．

　明治時代になると，西洋料理が流入し，特に肉食や西洋野菜の普及によって急速に食の洋風化が進んだ．すでに16世紀には南蛮貿易によって南蛮料理が伝わっており，また江戸時代には，江戸や京都，大阪などで，中国式供食スタイルの卓袱料理や普茶料理が広まっていたが，家庭料理にまで外国の食文化が浸透していったのは学校教育やジャーナリズムによるところが大きい．それでも近代日本の食生活の基本にあるのは日本料理であり，主食である米飯にも合うように改良を加えられた西洋料理を「洋食」，従来からの日本の食事を「和食」と称し，第二次世界大戦後の急速な経済成長のなかで和食を中心としたバランスのとれた日本型

表2.1　懐石料理と会席料理の相違点

懐石料理	会席料理
茶を味わうための料理	酒を楽しむ料理
酒も提供されるが，基本は喫茶の前の軽い食事	もとは歌や俳諧の席のこと．本膳料理を簡素化したもの
飯と汁は最初に提供	飯と汁は最後に提供

食生活ができあがった.

　1980年代に海外で日本食ブームが起こるほど日本型食生活は理想的な食事であったが，現在の日本では和食文化が崩れつつある．2013年にユネスコの無形文化遺産に「和食；日本人の伝統的な食文化」が登録されたことを機に日本の食文化を再評価することが望まれる．

2.2　日本の食文化を支える水・米・大豆

A.　水

　日本はアジアモンスーン地帯に位置し，季節風や海流の影響もあり，降雨量に恵まれた水資源が豊かな国である．また前述したように，日本列島を日本海側と太平洋側を分けるように比較的急峻な山が縦走していることから，山に降った雨も2日ほどで海に到達するとされるように，日本の川が短く流れが速いことも特徴のひとつである．こういった日本独特の地形の恩恵を受け，日本人は豊かでおいしい水に恵まれ，独自の食文化を育んできた．

a.　日本の水の特徴

　水をおいしくするものとして，カルシウム，マグネシウムなどの硬度成分がある．図2.1に示すように，水1Lに含まれるカルシウムイオンとマグネシウムイオン濃度（硬度）によって，水は硬水と軟水に分類される．WHOの基準では，硬度0〜60未満を軟水，60〜120未満を中程度の硬水（中硬水），120〜180未満のものを硬水，180以上のものを非常な硬水と分類している．

　図2.2に代表的な世界の都市の水の硬度を示す．これをみると，日本の水が軟水であることがわかる．近年は，水道水が主な生活用水となっているが，日本の

図 2.1　軟水と硬水

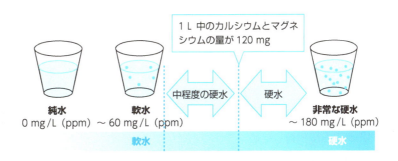

［WHO飲料水水質ガイドライン］

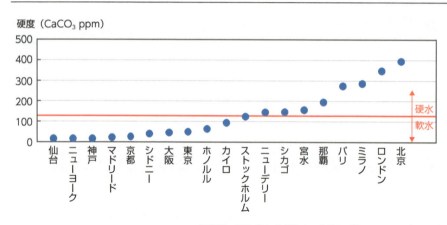

図 2.2 世界の主な都市の水の硬度（炭酸カルシウム含有量）

［日下穰・竹村成三，生活と水．化学と工業，43，1476（1990）］

水道水の硬度もほとんどが 100 以下に抑えられている．

　ところで，私たちは，水をまったく摂取しなければ 3 日程度しか生きられないといわれている．私たちの身体は体重の約 50 ～ 70% が水とされるが，その水の 20% を失うと死ぬ．それは生命活動を営むうえには水が必要であり，生命活動に伴って生体外に失われる水があるからである．普通環境下にある健康な成人の場合，摂取しなければならない水の量は，一日当たり，男性で約 3.7 L，女性で 2.7 L とされており，私たちは，それらの 81% を飲み物として，19% を食べ物から摂取している．

　ところで，摂取する水が安全であることは論外であるが，おいしい水の条件は，表 2.2 に示すように，まず不快なにおいがないことである．水道水の消毒剤とし

表 2.2 おいしい水の水質要件

水質項目	数値	摘要
蒸発残留物	30 ～ 200 mg/L	適度に含まれると，コクのあるまろやかな味になる
硬度	10 ～ 100 mg/L	低い水はくせがなく飲みやすいが，高くなると個性が強くなり，おいしくないと感じる人が多くなる
遊離炭酸	3 ～ 30 mg/L	水にさわやかな味を与える．多いと刺激が強くなる
過マンガン酸カリウム量	3 mg/L 以下	多いと渋味が感じられ，水の味を損なう
臭気度	3 以下	少ないほどよい
残留塩素	0.4 mg/L 以下	カルキ臭の原因になるが，殺菌力を保つため必要
水温	20℃以下	10 ～ 15℃程度がおいしく飲める

［1985 年厚生省主催「おいしい水研究会」］

水の硬度の計算方法

日本では，硬度を水中のカルシウム塩とマグネシウム塩の濃度（総硬度）を炭酸カルシウムに換算した値，つまり，（カルシウムの量× 2.5）＋（マグネシウムの量× 4.1）の値 mg/L（＝ g/m³）を単位として表している．

て使用される塩素は，多量に残留するとカルキ臭となることから，蛇口から出てくる段階の水道水の塩素濃度は，食品衛生上，0.1mg/L以上，0.4mg/L以下とされている．

b. 調理と水

　世界各地の食文化には，その土地の水の性質が大きく関与している．日本の水は軟水で，軟水はうま味や香り成分を効率よく引き出す．そのため和食を支えている"だし"は，短時間で昆布や鰹節からうま味成分を抽出してつくられる．また，日本でゆでる，煮るなど，水をふんだんに使用する調理方法が発達したのも，豊かな水資源に恵まれていたからである．

　一方，フランスの有名なミネラルウォーターであるEvian（エビアン）やVittel（ヴィッテル）の水の硬度は300を超え，WHOの基準では「非常な硬水」に属す．硬水はミネラルが豊富で，ミネラル補給には適しているが，うま味や香り成分は抽出されにくい．図2.2に示したように，中国やヨーロッパなどの水は硬水のため，だし（スープ・湯）をとる場合は，骨などを長時間煮込むことでうま味成分を抽出するとともに，水中の過剰なカルシウムやマグネシウムを骨から溶出してきたゼラチンとともにあくとしてとり除いている．

　日本茶は，紅茶やウーロン茶と同じ茶葉からつくられているが，日本では不発酵茶である緑茶が，中国では半発酵茶であるウーロン茶が，西洋では発酵茶である紅茶が発達したのも，この水の特性が影響している．また，コーヒーには硬水が合うといわれるが，それはカルシウム成分がコーヒーの苦味をやわらげ，マグネシウム成分が渋味を強調するからである．

B.　日本人の主食　米

a. 米の文化

　現在，私たちが主食として口にしている米は，長い年月をかけて品種改良されてきたもので，現在，日本国内においてその栽培品種は300種類以上ある．稲の栽培は，縄文遺跡の発掘・研究から3,000年ぐらい前とされ，本格的に水稲栽培がはじめられたのは，縄文晩期から弥生時代といわれている．当初，栽培されていたのは赤米とされ，奈良時代になると，貴族が白米（しらげのよね）を食べていたことが都跡から発掘された木簡に記されている．庶民は，黒米と呼ばれた精白度の低いうるち米に粟や黍などの雑穀を混ぜて食べていたようで，江戸時代中期に書かれた書物には，庶民の主食は「米46％・麦類19％・雑穀（雑穀）35％（ヒエ，アワ，キビなど）」とある．つまり，白米が日本人の主食として身近なものになったのは「大正末期から昭和のはじめ」と，ごく最近のことである．

　米は，古代から日本人にとって大切な作物であったことから，初めて収穫した稲は集団の首長に献上するという初穂儀礼が行われていた．現在も執り行われて

いる新嘗祭は，五穀（米，麦，アワ，キビ，豆の五種の主要な穀物．中心となるものは米）の収穫を祝う，宮中における最も重要な祭祀とされ，特に天皇即位後最初の新嘗祭は大嘗祭と呼ばれ，その年に採れた新しい穀物の初穂を神々に供え，天皇自身も召し上がる共食の祭儀となっている．戦国時代には大名の力を表すのに石高（石という単位は，人間が一年間に食べる米の量を基準にして設定されたもので，キロ換算すると約150 kg）という単位が用いられ，農民は年貢として米を納めていた．明治時代の地租改正に至るまで，長期にわたり米は庶民にとって貨幣に代わる貴重な食べ物であった．

ところで，このような貴重な作物である米の収穫は，さまざまな自然災害によって影響を受けることも多かった．そのため，自然の脅威を抑え，豊作を願う祈りが田の神や稲の霊に対する信仰を生んだと考えられている．それらに関係した儀礼や祭りは現代まで各地に伝わっている．最も身近なものとして，正月に飾る鏡餅がある．米を搗いてつくる餅には神が宿るとされ，鏡餅には年神様が宿ると考えられていた．そのため鏡開きには神様が宿った餅をいただくことで魂の再生や無病息災を願うという目的があった．

b. 米の利用

米を実らせる大切な作物である稲を，日本人は余すところなく活用してきた．

図2.3に示すように，脱穀後の稲わらはさまざまな生活用品として，そして，米は，食用として直接食べる以外に酒や酢などを造る材料として使われてきた．

酒造りは，稲作とともにはじまったとされ，最初は口のなかでご飯を噛んで糖化させたものを発酵させてつくっていたが，5世紀に中国から朝鮮半島を経て醸造技術が伝えられ，現在の日本酒造りの原型ができたとされている．奈良時代（700年頃）に編纂されたとされる『播磨国風土記』には「神に供えた糒が枯れて，かびが生じたのですなわち酒を醸さしむ」と，飯や麹を原料として醸造した酒が記されている．平安時代には，すでに現代の酒と変わらない製法でさまざまな酒が製造

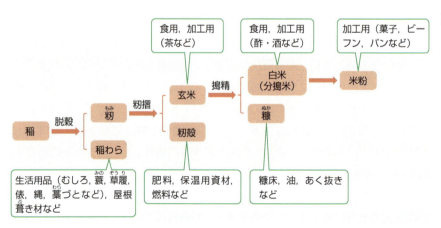

図2.3　米の利用法

されていたとされるが,酒造りが本格的になるのは鎌倉時代になってからである.そして江戸時代には庶民も普段の生活で酒が飲めるようになった.

酒は,昔も今も,荒ぶる神をもてなして鎮め,和神(やわらぐかみ)を迎えるための神事や祭りごとには欠かせない食品である.

酢は,酒造りの技術と前後して現在の堺市あたりに伝わったとされる.奈良時代の宮中の晩餐会の折には,酢が鯛(タイ)や蛸(タコ)などの「な(おかず)」とともに四種器(よぐさもの)(酒,醤(ひしお),塩,酢)と呼ばれる4種の調味料のひとつとして供されている.平安時代に編纂された『延喜式』(927年)の造酒司(みきのつかさ)には,米酢の造り方が詳細に記されている.江戸時代になると酢は庶民にも広がり,それまでの「なれずし」などの発酵寿司とは異なる,現代の寿司と同じ,飯に酢を混ぜてつくる「早ずし」が広まった.

C. 日本の食卓を彩る大豆

a. 大豆の文化

大豆がいつ日本に渡来したのかは明確ではないが,『古事記』と『日本書紀』のなかに「日本古来の五穀のひとつ」として大豆が記されており,水稲が渡来したとされる弥生時代に中国から朝鮮半島を経て,日本に伝えられたと考えられている.奈良時代になると,中国との交流が盛んになり,仏教とともに味噌や醤油などの大豆の加工品や加工方法も伝わってきた.『延喜式』には,大豆と醤(ひしお)が稲の代わりの租税として全国から朝廷に納められていたという記述がある.鎌倉時代に仏教の影響で肉食が禁止されると,大豆は,農民や戦に行く侍たちにとって保存性もあり,かつ栄養価の高い貴重な作物として本格的に栽培されるようになった.以後,今日に至るまで大豆は日本人に欠かすことのできない作物となっている.

大豆は,かつて畦豆(あぜまめ)と呼ばれたように,田んぼの畦で栽培されていた.田の水が大豆の成長を助けるとともに,化学肥料がなかった時代に,豆につく根粒菌が水稲に窒素を供給し,加えて大豆の根が畦を守り,田の保水力を保つというように大豆と稲双方にとって好都合であった.そして,その収穫物は農民の貴重な食べ物でもあった.

そして大豆は,季節の行事とも深くかかわっている.たとえば,黒大豆は正月の御節(おせち)料理には欠かせない食材であり,黄大豆は節分の鬼退治にはなくてはならない食材である.

b. 大豆の利用

一般に,私たちが大豆と呼んでいるのは完熟種子である.大豆は完熟種子としての利用以外にもいろいろと利用されている.図2.4に示すように,大豆を発芽させた大豆もやしは,完熟種子にはほとんど含まれていないビタミンCや血圧を下げる効果のあるGABA(ギャバ)(γ-アミノ酪酸)が豊富な野菜として利用されている.未熟種子である枝豆は,ビールのおつまみとして,またすりつぶして餡(あん)にし,「ずん

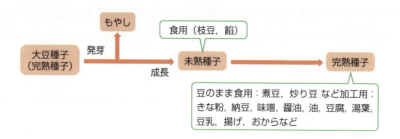

図 2.4 大豆の利用法

だ餅」をつくるのに利用される．そして完熟大豆からは，日本人の食卓に欠かすことのできないさまざまな加工品がつくられている．たとえば，生の大豆を搾って大豆油が，炒った大豆を粉砕するときな粉になる．大豆を水に浸け，すりつぶしたものを「呉」というが，呉を搾ると豆乳ができ，豆乳からは湯葉や豆腐がつくられる．豆乳を搾った搾りかすが「おから」で，惣菜の材料として利用される．さらに豆腐を凍結乾燥させると保存性の高い凍り豆腐（高野豆腐）に，油で揚げると油揚げになる．大豆を発酵させてつくられるものには，納豆，味噌，醤油などがある．このように，大豆は日本人の食卓に欠かすことのできない食材である．しかし，現在，日本の大豆自給率は低く（2013年度6％），その多くを海外からの輸入に依存している．

2.3 道具

　日本の食文化を象徴する食具や調理器具に箸，包丁，まな板などがある．
　なかでも箸は人類が火を使うようになってから調理道具として，また熱いものを食べるための食具として用いられたと考えられており，その存在は古くから確認されている．日本には神具としてトング状の折箸があったが，遣隋使によって中国から二本箸がもたらされるまでの食事は手食であった．箸の使用は，手づかみで食事をするという日本の食事スタイルが外交上好ましくないとの理由で貴族階級からはじまり，その後，宮中から寺院を通じて一般に広まり，8世紀には箸を中心とした食文化が形成されていった．
　現在，東アジアを中心に世界人口の約30％は箸食文化圏に属している．これは主食である粘り気の多いジャポニカ種の米が箸食に適合しているためだが，中国や韓国では汁物を飲む際にはレンゲやスプーンを用いるのに対し，日本だけが箸のみで食事をする．また，中国や韓国では箸先を向こうむきにして食膳の右側に縦に置くが，日本では箸先を左にして食膳の手前に横向きに置く．日本の箸は

料理を器から口へ運ぶだけではなく,魚の骨を選り分けるといったことにも使われるため,先がやや尖った形に仕上げられ,食膳が一人前ずつで,遠くの料理をとる必要がないことから長さも比較的短い.このように,日本の箸食文化は食事のスタイルに合わせた独自の進化を遂げてきた.さらに日本では,箸や飯茶碗は個々人が専用のものを使用し,家族用と客人用の区別,夫婦箸や夫婦碗といった男女の別,子ども用といったように,いわゆる属人器が食文化の特徴となっている.

　箸は,日本においては生活道具であると同時に,五穀豊穣と子孫繁栄を祈願して神様と人間が共食する神聖な道具と位置づけられてきた.そのため現在でも正月などハレの日には両口箸(りょうくちばし)を用い,日常使いの片口箸(かたくちばし)と分けられている.割り箸も日本独特の箸文化のひとつである.これらの箸の種類を図2.5に示した.

　また,日本料理は包丁文化ともいわれ,調理に用いられる包丁の種類が非常に豊富である.魚と野菜が主たる食材であるため,さまざまな魚専用の包丁が存在し,同じ食材をさばくための包丁が地方によって異なる形状をしている場合もある.これらは和包丁と呼ばれているが,食材の種類や用途によって数多くの包丁を使い分けるのは,魚の生食(刺身)を好む日本にあっては切り方によって料理の味が変わることをよく経験しているからである.しかしながら,第二次世界大戦後に食の洋風化が進み,料理内容の変容に伴い三徳包丁(魚,肉,野菜などのどの食材にも対応し,万能包丁ともいう)や洋包丁が普及し,一般家庭では料理によって包丁を細やかに使い分けることは少なくなった.

　まな板は,包丁文化にとって必需品の調理道具である.調理の際にまな板を常

図 2.5　箸の種類

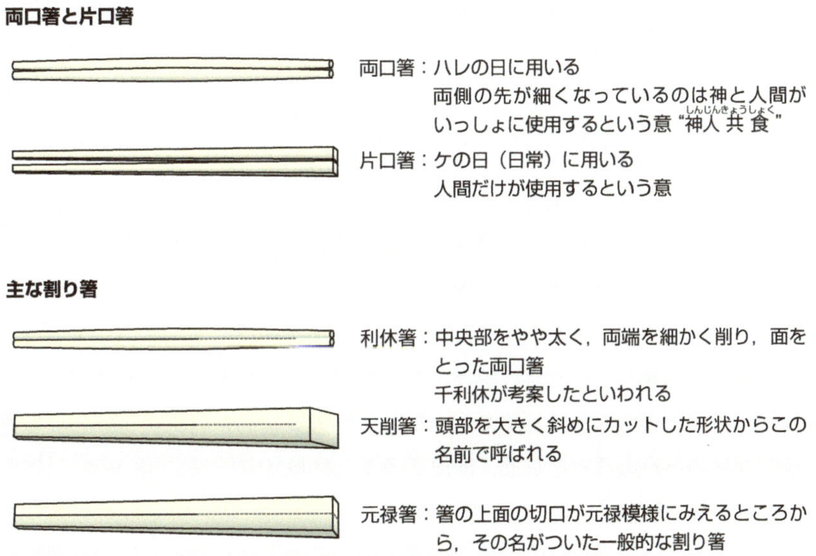

両口箸と片口箸

両口箸:ハレの日に用いる
両側の先が細くなっているのは神と人間がいっしょに使用するという意 "神人共食(しんじんきょうしょく)"

片口箸:ケの日(日常)に用いる
人間だけが使用するという意

主な割り箸

利休箸:中央部をやや太く,両端を細かく削り,面をとった両口箸
千利休が考案したといわれる

天削箸:頭部を大きく斜めにカットした形状からこの名前で呼ばれる

元禄箸:箸の上面の切口が元禄模様にみえるところから,その名がついた一般的な割り箸

用するのは東アジアのみである．特に日本では厨房で中心的役割を果たす和食の調理人を「板前」や「板場」と呼ぶが，この板とはまな板をさしている．東アジアでは手でちぎったり，ナイフで切ったりして食卓で食べ物を一口大にするのではなく，前述のとおり箸を使用して食事をすることから，箸でとりやすいようにあらかじめ大きさを調えた料理を並べるためにまな板の使用が一般化したと考えられる．

現在，食の多様化と技術革新によって調理道具として新しい機器がどんどん導入され，昔ながらの器具のなかには姿を消しつつあるものがある．その一方で，欧米を中心に急速に普及した日本食とともに，箸文化が広く周知されるようになり，日本の伝統的な食文化を支えてきた包丁やまな板もまた，その機能性の高さゆえに世界から求められる調理器具へと進化しつつある．

2.4 調理法

日本の食卓にのぼる料理の数々はおおむね表2.3に挙げた調理法によるものである．季節ごとに，地域の特性をいかした多彩な食材を用いて，調理法が重ならないように組み合わせることでバラエティーに富んだ献立を作成することができる．

なかでも**煮る**という調理法はかつて日本で最も多く用いられてきた．鍋にだし，または水を入れ，調味料を加えて加熱することで，季節の野菜，豆，いも，魚介類，鶏肉，さらに肉類などの組み合わせによって多種類のおかず（煮物）を生み出す．現在では，調理時間が長いことが理由で敬遠される調理方法ではあるが，煮物は火の管理に高度な技術を要さないため，旬の野菜類などを一度に大量調理し，常備菜として活用することができる．一方で，最も塩分を吸収しやすい調理法でもある．よって，鰹節，昆布，煮干し，干ししいたけなどのだしを効かせたり，野菜に鶏肉，魚介類などのうま味の多い食材をとり合わせたりすることで塩分を減らし，今日の食卓においても積極的にとり入れていきたい調理法である．

生ものの調理については，特筆すべき日本の食文化として魚の生食，すなわち**刺身**がある．島国で新鮮な魚を手に入れることが可能な地域の多い日本では，素材の味そのものを楽しむ刺身は鮮魚の最高の食べ方であるとの価値観が育まれていった．そのため調理をするにあたっては，鮮度を含め食材の良し悪しを見極める能力が求められることとなる．鮮度の落ちた魚は加熱調理に用いられ，焼魚や煮魚として食べられる．

また，漬物は野菜の保存のために塩を用いたことにはじまる．生の野菜が塩漬

表 2.3　主な調理法と料理の種類

調理法	料　理	概　　要
切る・する・漬ける	生もの	刺身，漬物，山芋や大根のすりおろしなど サラダは衛生面が改善された昭和 30 年代（1955 年）以降に普及
和える	酢の物・和え物	下処理した食材を合わせ酢で調理したものを酢の物，味噌やゴマ，豆腐などを用いた和え衣と混ぜたものを和え物という
煮る	煮物	食材を水と調味料で加熱したもので，煮込み，煮つけ，含め煮，煮しめ，煮浸しがある 炊き合わせは複数の煮物をひとつに盛りつけたもの
蒸す	蒸し物	食材を水蒸気で加熱したもので，直接蒸すものに赤飯（素蒸し），魚介類（酢蒸し，酒蒸し，塩蒸し）など 器に入れた間接加熱では，茶碗蒸し，土瓶蒸し，カスタードプディングなど
ゆでる	ゆで物	熱水中に加熱したもので，食材の軟化，あく抜きなど下ごしらえに用いられることが多い
揚げる	揚げ物	食材を油脂のなかで加熱したもの 精進料理などうま味の少ない野菜料理にコクを加えるため，天ぷらなどが発達した
焼く	焼き物	食材を直火焼する方法は最古の加熱調理法とされている ほかに鉄板などを通して間接的に加熱するものとして鍋焼き，天火焼き，包み焼きなど
炒める	炒め物	電気・ガスとフライパンが一般家庭に普及した高度経済成長期から急速に広まった調理法 少量の油で食材を混ぜながら加熱する

奥深い「焼く」調理法

加熱調理法の原点ともいえる「焼く」調理法は，英語で roast，grill，bake，toast など複数の具体的な言葉で表され，中国料理においても「烤(コウ)」，「煎(ジアン)」など操作別に使い分けている．一方で日本食においては，直火焼きであっても間接焼きであってもシンプルに「焼き」と表現するが，その中身は実に多彩でさまざまな料理名がある．塩焼き，味噌焼き，生姜焼きなどは味付けの種類を直接的に示したもので，つけ焼き，包み焼きは調理過程を示している．照り焼きはつけ焼きのひとつで，醤油や砂糖，みりん，酒などを混合した調味料で食材に照りをつけるため，この名で呼ばれている．

また，醤油，酒，みりんを等分に加えたなかに柚子(ゆず)の輪切りを入れ，そこに魚をつけたつけ焼きは，江戸時代の茶人 北村佑庵の名から柚庵(ゆうあん)（幽庵）焼きといわれる．そのほか，松風焼きは鶏ひき肉などを用いて表面にケシの実やゴマをふりかけたもので，裏面に飾りがない，すなわち裏面が寂しいことを「浜の松風浦寂しい」にかけて名付けられたとされている．蒲(かば)焼きなど語源に諸説あるものも多いが，焼き物に限らず日本料理の名前には，このように由来を知らないと料理と結びつきにくいものが数多く存在する．

けによる保存中に発酵熟成し，独特のうま味や香りを生じることから「香の物」ともいわれる．糠漬けは米糠を乳酸発酵させてつくった糠床に野菜を漬けたもので，あまり漬かっていないときは「浅漬け」，漬かりすぎると「古漬け」と呼ばれる．しかし現在は，冷蔵技術の発達や加工方法の進化，流通インフラの整備によって発酵させずに調味液に漬けてつくる漬物が主流となっている．

古くからの日本の調理法では油を用いることが少なかった．日本には豊かな水資源があり，調理にもふんだんに良質な水を使うことができたことから生ものとともに水や水蒸気を媒体とする加熱調理，すなわち前述の煮る調理法のほか，蒸す，ゆでるといった調理法がよく用いられてきた．一般の食卓に，揚げる調理法を用いた天ぷらなどがのぼりはじめたのは江戸後期からといわれている．炒める調理法については時代が大いに下り，安全で安定した熱源である電気やガスのコンロが普及し，さらに1960年代に入ってフライパンが急速に普及したことにより定着した．現在では，炒める調理法による炒め物は，その簡便さから，特に若い世代でよく用いられる調理法となっている．

2.5 様式・作法

日本の食事は「日本料理」あるいは「和食」と称される．一般的に「日本料理」は「西洋料理」に対応する言葉で，料理店などで供されるものであり，「和食」は家庭料理において「洋食」に対応する言葉として用いられることが多い．

「和食」の基本は「一汁三菜」である．これに飯と漬物が加わる．三菜は主食の飯を食べるためのおかずである．三菜は主菜1品と副菜2品からなり，主菜は肉・魚・大豆・卵を用いたおかず，副菜は野菜・きのこ・いも・海藻料理などであるが，献立の自由度は高い．また，飯と汁はおかわりができ，ご飯の摂取の量でカロリーの量を調節することが可能である．

「和食」の食事作法においては，周囲に不快感を与えないことが重視されるが，次の点を心がけると自然に美しい所作となる．

まず，箸を持ち上げる際には，図2.6に示したように，右手の親指，人差し指，中指の三本で上から箸の中央あたりをつまみ，とり上げてから左手を下から添え，右手を右端に移動させる．そのまま，右手を下に添え，正しい位置で持つ．割り箸の場合は，横に持って上下に割り，いったん箸置きに戻して再度持ち上げる．箸置きがないときは箸袋を文結びや山型に折り，箸置きの代わりとしてもよい．食事中に箸を置くときは，持っている箸の中央を左手で上からつかみ，右手でつかみなおして箸置きに置く．食事中にしてはいけない箸の使い方である「嫌い箸」

図 2.6 箸のとり方，おろし方

箸のとり方

①右手の親指，人差し指，中指で箸の中央を持ち上げる

②左手を箸の下に添え，右手を箸に沿って右側へ移動させる

③そのまま下に添えて正しい位置で持ってから左手を離す

箸のおろし方

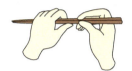

①持っている箸の中央を左手で上からつかむ

②右手で箸を上からつかみなおして箸置きに置く

表 2.4 嫌い箸

名称	動作
差し箸	食事中に箸で人やものをさす
寄せ箸	箸で食器を引き寄せる
合わせ箸（箸渡し）	料理を箸から箸へ渡す
ねぶり箸	箸についたものを口でなめる
握り箸	握るように箸を持つ
刺し箸（突き箸）	食べ物に箸を突き刺す
迷い箸	どれを食べるか迷ってあちこち動かす
直箸	取り箸を使わず大皿料理をとる
返し箸（逆さ箸）	箸を上下さかさまにして使う
探り箸	器のなかのものを探るように箸でかき混ぜる

の例を表2.4に示す．

　料理が運ばれたら，汁椀の蓋は左手を器に添え，右手の親指と人差し指で蓋をつまんで開ける．器の上で蓋を縦にして内側の水滴を落とし，左手を添えて両手で裏返して右側に置く．飯碗など中央より左側に蓋付きの器があるときは，同様にして蓋をとって，裏返して左側に置く．蓋が開かない場合は，左手で椀をしっかりと支え，右手で椀の縁をはさみつけ，椀と蓋の間に空気を入れるようにすると開く．食事を終えたら，両手で蓋を持ち上げ，同様に左手を添えて右手で椀の上に戻す．この際，塗り物の椀が傷つかないよう丁寧に扱い，蓋を裏返して椀に

のせることはしない.

次に各料理の食べ方を示す.

(1) 刺身　　わさびを少量のせた刺身を醤油につけ,醤油皿で受けながら食べる.わさびを醤油に溶くとわさびの風味がなくなる.また,手で受けて食べることはせず,醤油皿か懐紙で受けるようにする.

(2) 煮物　　一口で食べられないものは箸で切り,小さい器であれば手に持って食べる.汁気の多い煮物のときは煮物の器の蓋か懐紙で受けて食べる.

(3) 焼き物　　箸で左端から一口大に切って食べる.尾頭付きの場合は上身を頭の方から尾の方へと食べて中骨をはずし,魚の上下は返さず,下の身も同様に左から右へと食べる.

(4) 揚げ物　　盛り合わせが一般的なので,盛りつけを崩さないように手前や上のものから食べる.箸で切れないものは歯で嚙み切るが,その場合は懐紙か左手で口元を軽く隠すようにする.

(5) 蒸し物　　茶碗蒸しなどスプーンがついているときは,それを用いる.器が持てないほど熱い場合は左手を敷き皿に添え,置いたまま食べる.

席順のマナー　―上座と下座―

席順とは,座席の順序のことをさし,席次ともいう.席順には上位の席（上座）と下位の席（下座）があり,基本的には入り口から遠い席が上座,近い席が下座となる.和室で床の間がある場合は,床の間の前の席が最上座である.

もてなす側は下座に,もてなされる側は上座に座るが,もてなされる側が複数の場合,左右どちらの席が上座になるかは日本の伝統礼法と国際儀礼（プロトコル）で異なっている.

日本の伝統礼法では「左上右下」が基本にあるため,「左上位」すなわち当事者から見て左側を上位とする.一方,国際儀礼では「右上位」が基本になる.日本の伝統礼法については和服を着る際に左襟を右襟より前にすること（正面から見ると右前になる）,国際儀礼については英語で「右」が「正しい」を意味する right であることを覚えておくと間違えにくい.

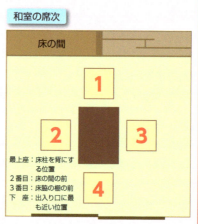

和室の席次

最上座：床柱を背にする位置
2番目：床の間の前
3番目：床脇の棚の前
下　座：出入り口に最も近い位置

3. 食べ物のおいしさとは

3.1 おいしさとは

　おいしいと感じる感覚は，図3.1に示したように，食物の状態（食べ物自体のおいしさ）と，人の状態（心身のコンディション）から影響を受ける．さらに，その周囲の自然・社会・文化的状況によっても影響を受ける．おいしさは五感で感じるといわれるが，これらの状態や状況が複雑に絡み合い，おいしさを判断している．

図 3.1　おいしさにかかわる要因

3.2 おいしさはどのようなものに影響されるのか（客観的要因）

A. 化学的要因

おいしさの化学的要因は味とにおいからなり，それぞれ味覚と嗅覚で感じる．

a. 味覚

味覚情報は，図3.2に示したメカニズムで脳に伝わる．まず，食べ物が口腔内に入ると，咀嚼がはじまり，食べ物が唾液と混ざりあって水に溶けた状態になると，舌や軟口蓋などにある味蕾中の味細胞（味覚受容器）が味（味刺激）を感じとる．その際，舌前方2/3は鼓索神経を，舌後方1/3は舌咽神経を，軟口蓋は大錐体神経を，喉（咽頭・咽頭・喉頭）は迷走神経を通って延髄にある孤束核に伝わり，さらに視床を通って，第一次味覚野，第二次味覚野・扁桃体・視床下部に伝わる．そして二次味覚野には味覚情報のほかに，触覚情報（触圧や温度），視覚情報，内臓からの情報も送られ，最終的に食行動全体として処理される．

次に味の種類を示す．代表的な味を基本味といい，甘味・塩味・酸味・苦味・うま味の五味からなる．

(1) 甘味　甘味はヒトが本能的に好む味であり，甘味の代表であるグルコースは脳のエネルギー源であることから，欠くことができない味といえる．

おいしいと感じる甘味濃度の幅は多様で，煮物のショ糖分パーセントは約3%，

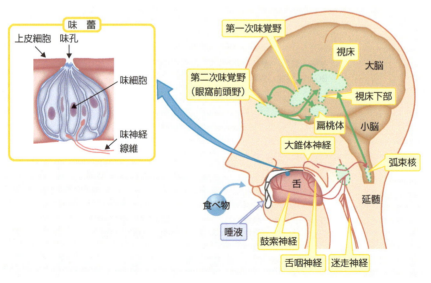

図3.2　味覚のメカニズム

表 3.1 甘味物質と甘味度*

分類	甘味物質	所在	甘味度
糖	スクロース(ショ糖)	砂糖, サトウキビ, テンサイ	1.0
	グルコース(ブドウ糖)	果実, はちみつ	0.5〜0.7
	フルクトース(果糖)	果実, はちみつ	1.1〜1.7
	ラクトース(乳糖)	乳汁	0.15
	マルトース(麦芽糖)		0.3〜0.6
	異性化糖		0.7〜0.9
	転化糖		1.0
	キシロース		0.6〜0.8
	パラチノース	砂糖	0.4〜0.5
糖アルコール	グリセロール		0.5〜0.6
	ソルビトール		0.5
	マンニトール		0.6
	マルチトール		0.8〜0.9
	キシリトール		0.6
天然甘味料	グリチルリチン	甘草	300
	ステビオシド	ステビア	100〜150
	ソーマチン(タウマチン)	*Thaumatococcus daniellii* の種子	1,600
人工甘味料	サッカリン		200〜500
	アスパルテーム		100〜200
	アセスルファムカリウム		200
	スクラロース		600

＊甘味度はショ糖の甘味を 1.0 とする

甘酢は約 7%, らっきょうの甘酢漬けは約 30%, 餡は約 50%, ジャムは約 60% と, かなり幅がある. また, 使用する甘味物質によっても甘味度や味は異なる(表 3.1). さらに, 同じ糖質でも α 型と β 型で甘味強度は異なり, フルクトースは β 型が α 型の 3 倍, グルコースは α 型が β 型の 1.5 倍強い.

(2) 酸味 酸味は有機酸や無機酸が水中で解離して生じる水素イオンの味であり, 同じ pH でも有機酸は無機酸より酸味が強い. また, 酸が解離したときに水素イオンのほかに陰イオンが生じるが, その陰イオンが酸味に影響を与え, 渋味のある酸味(リン酸)やさわやかな酸味(有機酸)を生む. 代表的な酸味を呈する物質を表 3.2 に示す.

(3) 塩味 塩味は「塩梅(あんばい)」という言葉にみられるように, おいしさの決め手となる味のひとつである. 代表的な塩味を呈する塩類は塩化ナトリウム(NaCl)であり, NaCl の味は NaCl の電離によって生じるナトリウムイオン(Na^+)と塩素イオン(Cl^-)両者の味によるものである. 塩味には NaCl のほかに KCl, $MgCl_2$ などが

用いられる．しかし，塩類の種類によって少しずつ味は異なる．また，好まれる塩分濃度は，体液の浸透圧程度（0.85%）とされるが，そのちょうどよいと感じる濃度の幅は約0.5～1.0%と甘味に比べてかなり狭い．

(4) 苦味　苦味は閾値(いきち)が低く，本来は好まれない味であるが，適量を効果的に使用することで味にしまりと深みを生む．代表的な苦みを呈する物質等を表3.3に示す．

(5) うま味　うま味は表3.4に示したように3種に分類され，アミノ酸系は植物性食品，核酸系は動物性食品およびきのこ類に含まれる．アミノ酸と核酸系のうま味物質を両方同時に使用すると相乗効果を生む（表3.6参照）．

表 3.2　酸味物質

分類	成分	所在
有機酸	酢酸	食酢
	乳酸	漬物，乳酸飲料
	コハク酸	貝類，日本酒
	リンゴ酸	リンゴ，ブドウ，ナシ
	酒石酸	ブドウ，清涼飲料
	クエン酸	かんきつ類，清涼飲料
	アスコルビン酸	野菜，果物
無機酸	炭酸	炭酸飲料
	リン酸	清涼飲料

表 3.3　苦味物質

分類	成分	所在
アルカロイド	テオブロミン	カカオ豆
	カフェイン	コーヒー，茶
カテキン	カテキン	茶，ワイン
テルペン	フムロン	ビール
	ルプロン	ビール
	ククルビタシン	瓜類（キュウリ，カボチャ）
	リモニン	かんきつ類
配糖体	ナリンギン	かんきつ類
	ソラニン	ジャガイモ
アミノ酸	バリン，イソロイシン	醤油，味噌，肉類
ペプチド	ペプチド	チーズ
無機塩類	カルシウム塩	にがり
	マグネシウム塩	にがり

表 3.4　うま味物質

分類	成分	所在
アミノ酸系列	L-グルタミン酸ナトリウム	トマト，昆布，干ぴょう，パルメザンチーズ
	L-アスパラギン酸ナトリウム	大豆およびその加工品，サトウキビ，昆布，アスパラガス
	L-テアニン	茶
核酸系列	5′-イノシン酸ナトリウム	煮干し，鰹節(かつおぶし)，畜肉，魚肉
	5′-グアニル酸ナトリウム	干ししいたけ
有機酸	コハク酸ナトリウム	貝類，日本酒
	ベタイン	エビ，タコ

表 3.5 基本味以外の味物質

分類			成分	所在
辛味	酸アミド系		カプサイシン	トウガラシ
			チャビシン	コショウ
			サンショオール	山椒(サンショウ)
	カルボニル系		ジンゲロン	ショウガ
			ショウガオール	ショウガ
	イソチオシアネート系		アリルイソチオシアネート	からし,わさび
	チオエーテル系		ジアリルスルフィド	タマネギ
			ジアリルジスルフィド	ネギ,ニンニク
渋味			タンニン	茶,ワイン,渋柿
			カテキン	茶
えぐ味			ホモゲンチジン酸	タケノコ
			シュウ酸	ホウレンソウ,山菜

表 3.6 味の相互作用

	相互作用	作用の意味	味刺激	味の変動	組み合わせ例
同時作用	対比効果	主たる味に少量の異なる味を加えることにより,主たる味を増強する効果	甘味+塩味	甘味↑	スイカ+塩,ぜんざい+塩…甘味が増す
			うま味+塩味	うま味↑	すまし汁+塩…うま味が増す
	相乗効果	異なる2つの味を混合したとき,味を強く感じる現象	うま味+うま味	うま味↑	昆布(グルタミン酸ナトリウム:L-MSG)+鰹節(イノシン酸ナトリウム:5'-IMP)…うま味が何倍にも増す
	抑制効果	2種の味を混合したとき,一方の味が抑えられる現象	塩味+酸味	塩味↓	ハクサイ+塩…発酵によってマイルドになる(古漬けの漬物)
			塩味+うま味 塩味+酸味	塩味↓	イカ(内臓含む)+塩…熟成によってうま味を増す(いかの塩辛)
			酸味+甘味	酸味↓	食酢と塩,食酢と砂糖…酢味が抑えられる
			酸味+苦味	酸味↓	グレープフルーツ+砂糖…酸味が抑えられる
			苦味+甘味	苦味↓	コーヒー+砂糖…苦味が抑えられる
継時作用	順応効果	同じ味を長く味わっていると,味の閾値が上昇する(味を弱く感じてくる)現象	順番①甘味 ②甘味	甘味↓	甘いものを続けて食べつづける…甘味の感度が鈍くなる
			順番①塩味 ②塩味	塩味↓	汁物の味見を何度もくり返し行う…塩味の感度が鈍くなる
	変調効果(相殺効果)	2つの味を順番に味わったとき,後の味が本来の味から変化する現象	順番①塩味 ②無味	無味 →甘味	塩辛いものの後に水…水を甘く感じる
			順番①味変容物質 ②酸味	酸味 →甘味	ミラクルフルーツの後にレモン…レモンが甘くなる(酸っぱさが消える)
	対比効果	2つの味を順番に味わったとき,先の味との対比で,本来の味に強弱が生じる現象	甘味→酸味	甘味↓ 酸味↑	アイスクリームの後にキウイフルーツ…キウイフルーツがとても酸っぱく感じる
			苦味→甘味	甘味↑	苦い薬の後に甘い飲み物…飲み物がいつもより甘く感じる

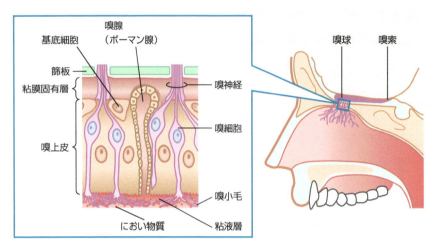

図 3.3 嗅覚のメカニズム

表 3.7 におい成分

分類	成分	所在
テルペン類	リモネン	かんきつ類（皮）
	シトラール	オレンジ，レモン
	リナロール	レモン
	メントン	ハッカ
	ヌートカトン	グレープフルーツ
アルコール類	ヘキセノール（青葉アルコール）	緑黄色野菜
	キュウリアルコール	キュウリ
	1-オクテン-3-オール	まつたけ
フェノール類	オイゲノール	クローブ
	チモール	タイム
	バニリン	バニラ
	チャビコール	バジル
アルデヒド類	ヘキセナール（青葉アルデヒド）	緑黄色野菜
	ヘキサナール	大豆
エステル類	酪酸メチル	リンゴ
	酢酸エチル	パイナップル，バナナ
	酢酸イソアミル	バナナ
含硫化合物	アリシン	ニンニク
	ジアリルジスルフィド	ニンニク
	ジプロピルジスルフィド	タマネギ
	メチルメルカプタン	ダイコン，わさび，からし
	レンチオニン	干ししいたけ
含窒素化合物	インドール	納豆，味噌，醤油
	トリメチルアミン	魚類
	アンモニア	熟成がすすんだチーズ，アカエイ

(6) 基本味以外の味　基本味以外の味には，辛味，渋味，えぐ味，金属味などがある．一方，味を表現する言葉として，複合された味を複合味，描写される味を描写味（広がり・コク，厚み）と呼ぶ．代表的な基本味以外の味の種類を表3.5に示す．

(7) 味の相互作用　味の相互作用には2種類以上の味を同時に混ぜたときに起こる同時作用と，2つの味を続いて順番に味わったときに起こる継時作用がある．その種類と現象を表3.6に示す．

b．嗅覚

においは図3.3に示したメカニズムで脳に伝わる．まず，におい分子は鼻腔の奥にある嗅細胞でにおいを受容し，その先端にある嗅小毛を刺激する．すると，受容体から情報伝達物質が放出され，嗅細胞の膜に電気的変化が起こる．その電気信号は嗅球を介して脳に伝達され，においの分析がなされる．代表的なにおい成分を表3.7に示す．なお，においには，直接鼻で感じるにおいと口から鼻にぬけるにおい（フレーバー）がある．

B. 物理的要因

a．触覚

(1) テクスチャー　食べ物を口に入れたときの食感や歯ごたえのことを**テクスチャー**といい，これらは食品コロイドの種類によって異なる（表3.8参照）．なお，分散媒はコロイド粒子を分散させる物質を，分散相は分散している物質を示す．

日本料理はテクスチャーにこだわる料理で，「生」も調理法のひとつとして数える．また，切ることにもこだわるため，包丁の種類は数え切れないほど多く，両刃・片刃を使い分け，切り口（表面物性）を整え，さまざまな食感の料理をつくり出す．このような日本の食文化は，擬声語（オノマトペ）を多くもたらし，「シャキ

表3.8　食品コロイドの種類

分散媒	分散相	一般名	代表例
気体	液体	エアゾル	湯気
	固体	粉末	小麦粉，粉ミルク，粉砂糖
液体	気体	泡	ビールの泡，ホイップクリーム，ソフトクリーム，メレンゲの泡
	液体	乳濁液（エマルション）	牛乳，マヨネーズ
	固体	懸濁液（サスペンション）	みそ汁，ジュース
		ゾル	ポタージュ
		ゲル	ゼリー，カスタードプディング
固体	気体	固体泡	パン，スポンジケーキ
	液体	固体ゲル	棒寒天
	固体	固体コロイド	砂糖菓子

表 3.9 テクスチャー用語

属性	物性	程度	テクスチャー用語	日本語訳
力学的テクスチャー属性	硬さ hardness	low / moderate / high	soft / firm / hard	やわらかい / 緻密な / かたい
	破砕性 fracturability	low / moderate / high / high / high	crumbly / crunchy / brittle / crispy / crusty	モソモソした / カリカリした / バリバリした / パリパリした / ガサガサした
	咀嚼性 chewiness	low / moderate / high	tender / chewy / touch	しなしなした / しこしこした / ごわごわした
	ガム性 gumminess	low / moderate / moderate / high	short / mealy/powderly / pasty / gummy	パサパサした / サクサクした / のりっぽい / ゴムっぽい
	粘性 viscosity	low / moderate / moderate / high	fluid thin / unctuous / viscous	さらりとした / さらさらした / とろとろした / どろどろした
	弾力性 springness	absence / moderate / high	plastic / malleable / elastic/springy/rubbery	変形しやすい / ぶよぶよした / 復元しやすい
	粘着性 adhesiveness	low / moderate / high	sticky / tacky / gooey/gluey	ねばねばした / ぺたぺたした / べたべたした
形状組織的テクスチャー属性	粒状性 granularity	absence / low / moderate / high	smooth gritty / grainy coarse	細砂状の / 砂状の / 粒状の / 粗粒状の
	組織性 conformation	long / spherical / angular	fibrous / cellular / crystalline	繊維状の / 細胞状の / 結晶状の
表面テクスチャー属性	湿潤性 moisture	absence / low / high / high / high / water-like	dry / moist / wet / juicy / succulent / watery	かわいた / 湿った / むれた / 汁っぽい / 汁気の多い / 水気の多い
	油脂性 fatness	soaking and running fat / exuding fat / without exudation	oily/greasy/fatty	油状の / 軟脂状の / 硬脂状の

［増成隆士・川端晶子，美味学，建帛社（1997）］

シャキ」「パリパリ」といった言葉で味わい分け，食感を楽しむ．いろいろな食品のおいしさにかかわるテクスチャー用語を表 3.9 に示す．

(2) 温度 料理の温度は味を左右するといっても過言ではない．まず，調理をする前の食材の温度管理（食材料の保存温度・保存時間）にはじまり，調理中の加熱

温度・加熱時間・加熱のタイミングのほか，調理後の温度管理もおいしさに影響する．また，料理によって適温が異なるので温度管理には注意が必要である．なお，味の感度が最も高いのは体温程度であるといわれている．

b. 視覚

おいしそうな料理は喫食者の食欲を喚起し，食事の満足度を向上させる．視覚的おいしさを喚起させるための重要なポイントは，料理の彩りを良好にすることである．食材は赤・緑・黄色の三色，できれば白・黒を加えた五色をとりそろえるとよい．また，料理に少し添える食材も，彩りや雰囲気を向上させる（例：柚子の皮の黄色，クコの実の赤）．料理の彩りに貢献する食材の多くは野菜や果物であることから，調理による変色防止にも配慮が必要である．食品の代表的な色素成分については表6.11（p.94）に示す．

次に視覚的おいしさをもたらす重要なポイントは，料理のコンセプトに基づいた盛りつけバランス，適切な器選び（材質・色・形）であり，これらを正しいテーブルセッティングで提供することが必要である．さらに嚥下食のような形態で提供する場合には，喫食者の尊厳を保つ配慮も忘れてはいけない．

c. 聴覚

聴覚から感じるおいしさは，咀嚼したときの口腔内の音，BGM（音楽や会話，水音など）や調理中の音などから得られる．さらに，聴覚から入る情報も料理のおいしさを喚起させる要因となる．たとえば，菓子銘（情報）を聞いて和菓子をいただくことにより，菓子のおいしさに奥行きをもたらし，価値を生む．

C. その他の要因

a. 生理的要因

おいしさに影響を与える生理的要因は，健康状態，歯の状態，咀嚼・嚥下能力，渇き，消化吸収能力，味覚の変化，不定愁訴の有無などである．つまり，喫食者の状態に合わせた食事を提供することで，食欲や気分を良好にし，健康の保持増進のみならず，おいしさをもたらすことができる．各ライフステージの特性に応じた配慮も必要である．

b. 心理的要因

おいしさは，喫食者の精神状態，たとえば喜怒哀楽や緊張感，嫌悪感や不安感，嗜好といった心理状態に大きく影響を受け，ときには喉を通らないほど食欲不振につながることもある．食卓を快適な環境に整えたり，食事中の会話に気遣ったりと，和やかな雰囲気をつくり出す配慮も必要である．

c. 環境的要因

食事は食べる前からはじまっているといわれるように，食卓につくまでの環境を整えることで，食への期待感が高まり，おいしさや食欲を喚起することができ

る．そのポイントは，TPO (Time（時間），Place（場所），Occasion（場合）) に応じた環境を整えることである．つまり，料理やテーブルウェア，BGMや会話，空調や換気，温度や湿度，照明（種類・量・色温度）などをTPOに合わせて選択することで，質の高い食卓環境を演出することができる．

3.3 おいしさの演出

A. コンセプトに基づいた食事演出

コンセプトに基づいた食事演出を行うことで食事はよりいっそうおいしくなり，食事満足度が高まる．その演出方法は，まず食事シーンを表3.10に示したような6W2Hに分類し，喫食者のニーズやウォンツ（欲求）を整理する．次に，整理した6W2Hから，その場にふさわしい食事のコンセプトを抽出する．そして最後にこのコンセプトをもとにして，提供する料理や演出に落とし込んでいく．このひと手間がQOLの高い食事演出の鍵を握る．

表3.10 食事提供に必要な6W2Hとその例

6W2Hの種類		内容例
When	時	一日：朝食・昼食・夕食・ブランチ，ティータイム
		一年：春，夏，秋，冬
		長さ：喫食予定時間
Where	場所	室内：リビング，窓際，レストラン
		屋外：庭，キャンプ場，海辺
		（施設設備：天井の高さ，部屋の広さなどにもかかわる）
Who・With	人	個人の特性：性別，年齢
		その人との関係：目上の人，会社の人，友人，家族
What	料理	料理種類：日本料理，西洋料理，エスニック料理，中国料理
		料理の量・質
Why	理由	ケの日（日常の食事），体調が悪い場合
		ハレの日（行事，節句，人生儀礼，イベント）
How to eat	食べ方	ビュッフェ，座食，立食，大皿料理
How much	費用	原価，販売価格

B. ハレとケの演出

国や地域によって内容は異なるものの，世界各国にハレの日の行事食が存在する．**行事食**にはくり返し食されてきた歴史があることから，行事の雰囲気を高め

る効果が高い(表4.5（p.51）参照).

C. 食空間全体の演出

食事演出のアイテムは，皿の上の料理だけに留まってはいけない．食空間全体に心を配った演出を行うことで食事の満足度が向上する．そこで，食空間に存在するアイテム（環境因子）を図3.4にまとめた．直接目に見えないもの（喫食者に関する要因）への配慮も必要であることがわかる．

ただし，演出には食事のシーンに合わせて容易に変えられるものと変えられないものがあるので，できる範囲で工夫したい．

図3.4 食空間にかかわる因子

卓上の要因

料理，食器や食具，リネン，家具等の色，形，品質，量，素材，種類，スタイルなど．何人で食べるのか，誰と食べるのかなどのシチュエーションなど

喫食者に関する要因

年齢，性別，宗教，生活スタイル，食習慣，物理的状況，心理的状況，社会的状況，不定愁訴，文化，好み，センスなど

食空間全体にかかわる要因

部屋の温度・湿度，照度，照明など．部屋の大きさ，インテリアの材質，色，形，スタイル，配置など

D. 食空間に用いる色と照明

色は色相・明度・彩度で表現される．さらに，色は照明との組み合わせにより表情を変える．図3.5に三色のランチョンマットを背景にした弁当の写真を示す．ランチョンマットの色により，おいしさの感じ方が異なることがわかる．

色面積が大きいほどインパクトは大きいといわれるが，折敷，ランチョンマット，給食用トレイなどは，容易においしさを演出できるアイテムとして有効である．

図 3.5　背景色による視覚的おいしさの変化

3.4　おいしさはどのようにして評価されるのか

　食べ物のおいしさを評価する方法には，主観的評価である**官能評価**（官能検査）と客観的評価である**機器評価**（理化学的評価）がある．おいしさはヒトの五感により感じるため，ヒトが評価するとよい．しかし，ヒトによる評価は生理的または心理的な影響を受け，言葉による表現方法が複雑であり，個人差も大きい．また，くり返し何度も行うと疲労するため，一度に大量の測定はできない．一方，機器による測定では，測定機器を正しく選択し，管理すれば，数値化されたデータを再現性よく得られ，一度に多くの測定ができる．しかし，食べ物がおいしいか否かを決定することはできない．

　このように，いずれの評価方法においても長所と短所があることから，必要な情報を得るためには両者を組み合わせると効果的である．

A.　官能評価（主観的評価）

a.　官能評価とは

　国際規格ISOをもとに制定されている日本工業規格（JIS）のJIS Z 8144では，官能評価分析とは「官能特性を人の感覚器官によって調べることの総称」と規定しており，「官能評価分析に基づく評価」を官能評価としている．また，JIS Z 9080では試験方法について規定している．このようにJISで規定している官能評価の手法を使う対象は食品に限定するものではないが，官能評価は食品の分析に用いられることが多い．評価には，味覚のみならず，五感すべてを総合的に駆使して，食品の特性や嗜好性を判断することが要求される．

b.　官能評価を行う環境

　官能評価試験に参加する評価者を**パネル**というが，評価を行う際にパネルに心理的または生理的な負担を与えない環境が必要となる．そのために必要な環境について以下に記す．

（1）官能評価室の設計　　他人の意見に左右されることなく集中力が高められ

図 3.6　官能評価室

左：個室式，右：円卓式　　　　　　　　　　　　　　　　　　　［写真：㈱アメフレック提供］

るよう，パネル一人（パネリスト）につき個別のブースを与える（図3.6左）．各ブースには口をゆすぐための水道設備，パネリストの前方から試料を提供するための扉をつける．椅子は座り心地のよいものとする．また，各ブースにコンピュータを備えつけると，パネリストが入力した評価をすぐに集計できる．一方，グループで話し合い，意見を出しながら評価を行う場合には，円卓を用意する（図3.6右）．評価室は圧迫感のないように，天井は低すぎず，ブースは狭すぎず設計する必要がある．さらに評価室に入る前にパネルが待機する控室があるとよい．

（2）室温と湿度　室温は20〜22℃，相対湿度は60％程度がよい．試料を置く机は非吸湿性のものがよい．

（3）照明と室内　試料に対して均等に照明が当たるようにする．照明の光線は適したものを選ぶ．壁，床，天井，机，椅子などの材質は無臭で，適度に明るく落ち着きやすいものにする．

（4）防音　騒音や振動を抑制する．雑音や会話にも注意する．

（5）換気　無臭状態にする．においの強い試料の検査を行った後はただちに換気する．パネルはたばこや化粧品の強いにおいをつけないように注意する．

c．パネルの選定

　官能評価は試料の差や特性について分析する分析型検査と食品の好みを調査する嗜好型検査に大別される．分析型検査のためのパネルは通常5〜30名程度とし，測定機器のように鋭敏な感度が必要とされる．味覚感度の試験を定期的に行い，試料の特徴や専門用語，尺度の使い方を学習する訓練を受ける必要がある．一方，嗜好型検査を行うパネルには通常30名以上が選ばれるが，目的とする属性・条件（年代や性別，職業など）が一致すれば，特に感度は必要としない．

　いずれのパネルにも，健康であること，官能評価に対し興味・意欲があり，偏見のないこと，嗜好に過度の偏りがないことが必須条件である．

d．試料の呈示

　すべてのパネルに同条件の試料を呈示する．同一条件で試料を調製できるように試料調製方法を確立する必要がある．

(1) 温度　加熱または冷却する必要のない場合には室温付近の15〜30℃で呈示する．高温または低温の試料を扱う場合には評価中に温度変化のないように注意する．

(2) 量　パネリストが欲するだけの量を提供する場合と一定量を提供する場合があるが，最初に呈示する量は一定にする．パネルが疲労感を感じないように1回量は15〜30g（またはmL）程度が適当である．パネルには一度に口中に含む量を同様にするよう指示する．

(3) 容器　色，透明性，形状，大きさ，材質の同じものを用意する．また，無味無臭で清潔であるものを選ぶ．パネルに心理的な影響を与えるものは避ける．

(4) 試料番号　複数の試料を呈示する場合には試料に番号をつける．1やAといった試料名では，その試料が優れている印象を与えるため，試料の番号は先入観のないようにランダムな3桁程度の数字をつけるとよい（図3.7，図3.8参照）．

(5) 呈示順序　複数の試料を呈示する場合には順序効果に留意する．たとえば2種類の試料AとBを呈示する際にはA→Bの順序で評価するパネルとB→Aの順序で評価するパネルに分け，半数ずつ呈示順を変える（図3.7，図3.8参照）．また，試料の並び方（置く位置）によっても結果が左右されるので，並び方も変える必要がある．

e．手法

分析型または嗜好型検査にかかわらず，手法は大きく識別試験法，尺度またはカテゴリーによる試験法，定量的試験法の3種類に分類される．官能評価の手法例を表3.11に示す．

識別試験法は，2種類の試料間の差を決定するために用いられる（例：**2点試験法，3点試験法**）．尺度またはカテゴリーによる試験法は試料の順位や差の大きさ，試料の分類をするために用いられる方法である（例：**順位法，採点法**）．定量的試験法は，官能特性を定性的かつ定量的にとらえるための方法である（例：**プロファイル法，SD法**）．官能評価の手法は評価目的を明確にし，適した方法を選ばなければならない．以下に検査の具体例について示す．

(1) 2点試験法　2種類の試料に対して，刺激の強度（分析型）や好ましさ（嗜好型）を調べる方法である．図3.7に市販の緑茶2種において2点試験法による分析型検査と嗜好型検査の官能評価用紙例を示す．パネルにはパネル番号と名前を記入させる．また，パネルへの試料の呈示順を記録しておく必要がある．分析型検査の解析には二項検定の片側検定を用い，嗜好型検査には両側検定を用いる．たとえば，20名に図3.7左に示す緑茶の分析型検査を行い，16名が正解した（渋味の強いほうを選んだ）場合には2点識別試験法検定表（付録B）より，危険率1%（$p<0.01$）で有意に渋味に差があると判定する．また，図3.7右に示す嗜好型検査で20名中16名が試料274を選んだ場合には2点嗜好試験法検定表（付録C）より，危険率

表 3.11 官能評価の手法例

手法	種類	目的	方法	解析法
2点試験法	分析型・嗜好型 識別	試料の差の決定	同一または異なる試料2つを比較する	二項（片側）検定：差の強度の決定 二項（両側）検定：差の決定
3点試験法	分析型 識別	試料のわずかな差の検出	同一試料2つ，異なる試料1つの合計3つの試料から，異なる1つを選ぶ	二項（片側）検定
1対2点試験法	分析型 識別	試料の差の決定	基準試料を先に呈示し，基準試料と同一の試料を含む2種の試料から，基準試料を選ぶ	二項（片側）検定
2対5点試験法	分析型 識別	試料の差の決定	同一試料2つと異なる試料3つの合計5つの試料を，2つのグループに分ける	二項（片側）検定
A非A試験法	分析型 識別	試料の差の決定	基準試料をパネルが認識できるまで呈示し，基準試料または異なる試料から，基準試料を選ぶ	二項（両側）検定：差の決定 二項（片側）検定：差の強度の決定
配偶法	分析型 識別	試料の差の決定	数種類（4種以上）の試料の組み合わせを2組呈示し，同一試料を組み合わせる	多重比較
一対比較法	分析型・嗜好型 識別	試料の差と特性の大きさの決定 嗜好性の決定	t 種類（3種以上）の試料を2個ずつ組み合わせ $t(t-1)/2$ 通りの組を呈示し，各組につき試料の特性を比較する	χ^2 検定：1人で評価 一致性の係数：複数人で評価 分散分析法：差の程度の決定
順位法	分析型・嗜好型 尺度およびカテゴリー	試料の強度や程度の順位づけ	数種類（3種以上）の試料の順位付けを行う	順位相関係数（順位が存在するとき） 一致性の係数：複数人で評価
分類	分析型 尺度およびカテゴリー	製品の結果の評価	試料を評価し，それぞれの試料をカテゴリーに割りつける	χ^2 検定
格付け法	分析型・嗜好型 尺度およびカテゴリー	試料の強度や程度の評価	数種類（3種以上）の試料を評価し，尺度上の点に割りつける	ノンパラメトリック検定
採点法（評点法）	分析型 尺度およびカテゴリー	試料の強度の評価	試料を評価し，尺度の値または得点を割りつける	中央値または平均値：1種の試料 t 検定：2種の試料 分散分析：3種以上の試料
簡単な記述的試験法	分析型・嗜好型 定量的	試料の属性の確認	試料を評価し，その結果を記録する	記述的用語の一覧表作成
プロファイル法	分析型 定量的	新製品の開発，試料の差の性質の解明，品質管理，機器測定データの相関分析	試料の評価用語一覧にしたがって試料を評価し，強度尺度上の属性について評点をつける	表形式での整理 結果の図示
SD法	分析型・嗜好型 定量的	試料の特性の決定	試料を呈示し，評価尺度の数値を記入する	因子分析・主成分分析

5%（$p < 0.05$）で有意に試料274が好まれると判定する．

(2) 順位法 複数の試料（3〜6種類程度が好ましい）について，刺激の強さや好ましさの順位を調べる方法である．図3.8に市販の緑茶6種における順位法の官能評価用紙例を示す．上記と同様にパネルへの試料の呈示順を記録しておく必要が

緑茶の官能評価

実施日　年　月　日

パネル No.

名　前

2 種類の緑茶のうち，渋味の強いほうを選んで試料番号に○をつけてください．なお，試料は左から順に飲み，わからなければ，元に戻ってもかまいません．

375　　589

ご協力ありがとうございました．

緑茶の官能評価

実施日　年　月　日

パネル No.

名　前

2 種類の緑茶のうち，どちらか好きな試料番号に○をつけてください．なお，試料は左から順に飲み，わからなければ，元に戻ってもかまいません．

274　　618

ご協力ありがとうございました．

左：識別検査，右：嗜好検査

図 3.7　2 点試験法の官能評価用紙例

緑茶の官能評価

実施日　年　月　日

パネル No.

名　前

6 種類の緑茶を飲み比べ，各質問ごとに順位をつけてください．なお，試料は左から順に飲み，わからなければ，元に戻ってもかまいません．

質問＼試料	375	589	274	618	926	781
色の好ましい順						
香りの強い順						
香りの好ましい順						
渋味の強い順						
渋みの好ましい順						
味の好ましい順						
総合的に好ましい順						

ご協力ありがとうございました．

図 3.8　順位法の官能評価用紙例

ある．

解析には試料の刺激の強度が明らかな場合（濃度差をつけた食塩水などを用意した場合）の評価はSpearmanの順位相関係数を用いるが，正解がなく，パネルの判定の一致性を検定する場合にはKendallの一致性の係数 W（付録D）を用いる．求め方を以下に示す．

①t 種類の試料 $Ai(i=1, 2, 3 \sim t)$ に対して，n 人のパネルが順位をつける．

②それぞれの試料に与えられた順位の合計 $Ti(i=1, 2, 3 \sim t)$ と平均順位 $\bar{T}(\Sigma Ti/t)$ を求める．

③$(Ti-\bar{T})$ の平方和 S $(=\sum_{t=1}^{t}(Ti-\bar{T})^2=\sum_{t=1}^{t}i\ (Ti-n(t+1)/2)^2)$ を求める．

図3.9 SD法の官能評価用紙例

④ S の値が付録Dの値と等しいまたは大きいと，n 人の判定は一致していると判断し，試料の刺激の強さや好ましさに順位づけできる．

⑤ 付録Dにない t と n に対しては一致性の係数 $W(=12S/n^2(t^3-t))$ を求め $(0 \leq W \leq 1)$，$F_0 = (n-1)W/(1-W)$ が自由度 $f_1(=t-1-2/n)$ と $f_2(=(n-1)f_1)$ が F 分布に従うことを用いて検定する（付録E）．

また，t 種類の試料を n 人のパネルが判定した順位のなかから，調べたい2つの試料の差を判定するためには，上記②の順位合計の差の絶対値を求め，Newell & MacFarlane の検定表（付録F）で判定する．

(3) Semantic Differential (SD) 法　試料のもつ特性や印象を正確かつ詳細に描写するために行われる．試料は1種類でもよく，対象となる試料についての知識のないパネルでも評価することができる．官能評価用紙（図3.9）には対照となる言葉をおき，5～9段階の評価尺度で評価する．評価項目が多いほど試料の特徴をとらえることができる．評価尺度の数値から平均点を求めて，試料の特徴を表現する．相関のある要因をできるだけ少数の因子にまとめて試料の特徴を表現するためには主成分分析を行うとよい．主成分分析については多変量解析の専門書などを参照されたい．

官能評価は食べ物の特徴や差について検討するためによい方法だが，解析方法は統計学の知識を必要とすることから，官能評価を行う際には専門書を読むことをお勧めする．

B. 機器評価（客観的評価）

a. 機器評価とは

　機器評価には，化学的に物質量を測定する方法と物理的な性質を測定する方法がある．たとえば，味の濃さを測定するための糖度計や塩分計，温度を測定する温度計などはなじみのある機器だろう（表3.12参照）．機器評価は調理科学の研究や食品産業界の品質管理や商品開発などさまざまな分野で用いられている．

b. 化学的物質量の測定

　味，におい，色の測定は専用の機器を用いる．糖度計や塩分計などの手軽に扱えるものから，試料を測定用に調製し，機器の設定も試料に合わせて用いる高速液体クロマトグラフィーやガスクロマトグラフィーなどがある（表3.12）．味覚センサーやにおいセンサーはヒトの感覚に近く，食品に含まれる物質を総合的に測定する装置であるが，まだまだヒトの感覚と同じようにはいかないのが現状である．

c. 物理的性質の測定

　色の質感や温度は測定機器（表3.12）を用いて条件を一定にすれば比較的簡単に

表 3.12　味，におい，色，温度測定のための機器評価の種類

目 的	機 器 名
糖度（甘味）の定性・定量	屈折糖度計 デジタル糖度計
食塩（塩味）の定量	塩分計
無機質の定性	原子吸光分光分析計 近赤外分光分析法
糖，アミノ酸，有機酸，核酸物質の定性・定量	高速液体クロマトグラフィー 近赤外分光分析法
アミノ酸（うま味）の定性	アミノ酸分析計
酸味の定性	pHメーター pH試験紙
基本五味，風味，コクなどの定性	味覚センサー
香気成分の定性・定量	ガスクロマトグラフィー
においの定性	においセンサー
色の測定	分光測色計 色彩色素計 測色色差計
透明度の測定	分光光度計
温度の測定	液柱温度計 熱電対温度計 抵抗温度計 非接触（赤外線）温度計 バイメタル温度計　　など

値を求めることができる．しかし，物性（食感またはテクスチャー）の測定は方法が多様なため，適した方法で測定することが難しい．その難しさを示したのが図3.10である．食品の物性測定の方法は，基礎的・経験的・模擬的の3種類に分類されるが，理想的な方法はその3種類を組み合わせたものとなる．また，これら3種類の測定を行うための機器は食品の形状（液体，半固体，固体）や目的に応じて多くの種類がある（表3.13）．さらにテクスチャー測定を行うためのプランジャーや食品の破壊方法についても多くの種類があり（図3.11），食品に適する方法を選択しなければならない．

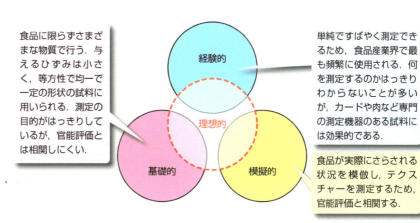

図 3.10　食品物性の測定法の分類

表 3.13　食品物性測定のための機器の種類

方法	目的	機器名
基礎的	液体の粘性測定	毛細管粘度計 回転粘度計
	液体または半固体の粘弾性測定	動的粘弾性測定装置 静的粘弾性測定装置（レオメーター）
	半固体状または固体の破断測定	レオメーター
経験的	半固体の破断（針入）測定	カードメーター ペネトロメーター
	固体のかたさ測定	硬度計
	ベーカリー製品のかたさ（圧縮）測定	コンプレッシメーター ショートメーター
	肉のかたさ（せん断）測定	ミートシアメーター 肉せん断試験器
模擬的	小麦粉ドウのかたさ測定	アミノグラフ ファリノグラフ エキステンソグラフ アルベオグラフ
	半固体・固体の咀嚼特性の測定	テクスチュロメーター レオメーター

3.4　おいしさはどのようにして評価されるのか

高齢社会の現在,嚥下・咀嚼困難な高齢者用の食品が販売されるようになった.それらの食品では食品の物性測定が必須であるが,間違った方法で行うと危険である.物性測定を行う場合には専門書を参照されたい.

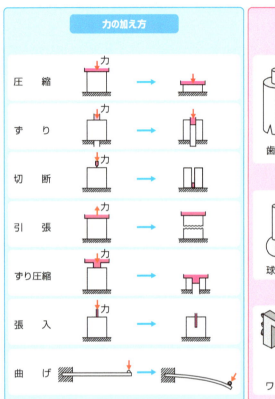

図3.11 食品物性測定における力の加え方とプランジャーの形状

〈3.4節 参考文献〉
・日本規格協会 編,JIS ハンドブック 57 品質管理,日本規格協会(2004)
・日本フードスペシャリスト協会 編,新版 食品の官能評価・鑑別演習,建帛社(2008)
・古川秀子,おいしさを測る 食品官能検査の実際,幸書房(1994)
・古川秀子・上田玲子,続 おいしさを測る 食品開発と官能検査,幸書房(2012)
・日科技連官能検査委員会,新版 官能検査ハンドブック,日科技連出版(1973)
・井上裕光,官能評価の理論と方法,日科技連出版(2012)
・森友彦・川端晶子,食品のテクスチャー評価の標準化,光琳(1997)
・Bourne, M.C., *Food Texture and Viscosity : Concept and Measurement* (Second Edition), Academic Press (2002)
・川端晶子,食品物性学,建帛社(1989)
・高橋亮・西成勝好,おいしさのぶんせき,ぶんせき,8,388-394(2010)
・中濱信子・大越ひろ・森高初恵,おいしさのレオロジー,アイ・ケイコーポレーション(2011)
・磯直道・水野治夫・小川廣男,食品のレオロジー ―食の物性評価―,成山堂書店(1998)

4. 食事をデザインしよう

4.1 食事とは

A. 食べることの意味

a. 栄養補給としての食

食べることは生存のために欠くことのできない行為であり，各年齢・性別・身体活動レベルごとに必要なエネルギーや栄養素を過不足なくバランスよく摂取することが大切である．健康の保持・増進は食の重要な役割のひとつである．

b. 楽しみ・癒し・コミュニケーションの場としての食

おいしい料理や食事中の会話は心を潤し，楽しい時間を演出してくれる．いつも変わらず食卓にのぼるわが家の味や，その日の体調に合わせてつくられた料理は，くつろぎ，安心感，癒し，愛情や絆を感じる媒体ともなる．また，節句や祭りといったさまざまな行事，誕生日や入学式といった人生儀礼にいただく食事は，美しい自然の移り変わりや命に対する感謝の気持ちを育み，歓びをわかち合う幸せをもたらす．また，ハレとケの日の食の区別は生活の節目となり，くらしに真摯に向き合い，感謝の念を忘れずに生活するための先人たちの知恵であり，心の潤滑油ともなる．

c. 発達を促す役割をもつ食

人は生まれてすぐは，母親（養育者）の全面的なサポートなしに食事をとることはできない．その間，毎日何度もくり返されるサポートを通して，子どもは母親との間に基本的信頼感を獲得していく．幼児期に入ると，食事のしつけを通してモラルを学ぶ．一人で食事ができるようになった後も，食事の手伝いや料理，食農体験などを通して物事を計画的に進める手立てを学び，好奇心をもって物事に

向かい，達成する歓びを知る．またときには自然との共生の大切さを学び，社会の営みを知る．そして感謝の気持ちも学ぶ．このように日々くり返し行われる食の営みは，子どもの心の成長発達に必要な「経験の場」「交流の場」として重要な役割を果たす．

B. 日本人の食事摂取基準

a. 「日本人の食事摂取基準」とは

厚生労働省の「日本人の食事摂取基準」は，国民の健康の保持・増進を図るうえで摂取することが望ましいエネルギーおよび栄養素の量の基準を示すもので，科学的根拠に基づいて策定することを基本としており，5年ごとに改定されている．食事摂取基準の対象は健康な個人および健康な者を中心として構成されている集団としている．発症予防および重症化予防が重要である生活習慣病（高血圧症，脂質異常症，糖尿病，慢性腎臓病）に加え，生活機能の維持・向上にかかわる疾患など（骨粗鬆症）についても，エネルギー・栄養素との関連を整理している．

b. 各栄養素の指標

栄養素の指標は一日当たりの摂取量として5種類の指標が策定されている（表4.1）．

(1) 推定平均必要量（estimated average requirement；EAR）

母集団に属する50％の人が必要量を満たす摂取量．

(2) 推奨量（recommended dietary allowance；RDA）

ほとんどの人が充足している量．

(3) 目安量（adequate intake；AI）

一定の栄養状態を維持するのに十分な量であり，十分な科学的根拠が得られず，推定平均必要量が設定できない場合に，栄養素摂取量を観察した疫学的研究によって得られる量．

(4) 耐容上限量（tolerable upper intake level；UL）

健康障害をもたらすリスクがないとみなされる習慣的な摂取量の上限として定義され，これを超えて摂取すると，過剰摂取によって生じる健康障害のリスクが高まると考える．

(5) 目標量（tentative dietary goal for preventing life-style related diseases；DG） 生活習慣病の予防を目的に，現在の日本人が当面の目標とすべき摂取量．

c. エネルギー

エネルギーの過不足の評価には体重の変化（またはBMI）を用い，18歳以上を4区分に分け，目標とするBMIの範囲を提示している（表4.2）．

身体活動レベルごとに算出された推定エネルギー必要量を参考に目標とするBMIに見合う望ましいエネルギー摂取量について考える必要がある（表4.3）．

表 4.1 基準を策定した栄養素と設定した指標（1歳以上）[1]

栄養素			推定平均必要量(EAR)	推奨量(RDA)	目安量(AI)	耐容上限量(UL)	目標量(DG)
タンパク質[2]			○b	○b	—	—	○[3]
脂質		脂質	—	—	—	—	○[3]
		飽和脂肪酸[4]	—	—	—	—	○[3]
		n-6系脂肪酸	—	—	○	—	—
		n-3系脂肪酸	—	—	○	—	—
		コレステロール[5]	—	—	—	—	—
炭水化物		炭水化物	—	—	—	—	○[3]
		食物繊維	—	—	—	—	○
		糖類	—	—	—	—	—
エネルギー産生栄養素バランス[2]			—	—	—	—	○[3]
ビタミン	脂溶性	ビタミンA	○a	○a	—	○	—
		ビタミンD[2]	—	—	○	○	—
		ビタミンE	—	—	○	○	—
		ビタミンK	—	—	○	—	—
	水溶性	ビタミンB_1	○a	○a	—	—	—
		ビタミンB_2	○c	○c	—	—	—
		ナイアシン	○a	○a	—	○	—
		ビタミンB_6	○b	○b	—	○	—
		ビタミンB_{12}	—	—	○	—	—
		葉酸	○a	○a	—	○[7]	—
		パントテン酸	—	—	○	—	—
		ビオチン	—	—	○	—	—
		ビタミンC	○b	○b	—	—	—
ミネラル	多量	ナトリウム[6]	○a	—	—	—	○
		カリウム	—	—	○	—	○
		カルシウム	○b	○b	—	○	—
		マグネシウム	○b	○b	—	○[7]	—
		リン	—	—	○	○	—
	微量	鉄	○b	○b	—	○	—
		亜鉛	○b	○b	—	○	—
		銅	○b	○b	—	○	—
		マンガン	—	—	○	○	—
		ヨウ素	○b	○b	—	○	—
		セレン	○a	○a	—	○	—
		クロム	—	—	○	—	—
		モリブデン	○b	○b	—	○	—

1 一部の年齢区分についてのみ設定した場合も含む．
2 フレイル予防を図るうえでの留意事項を表の脚注として記載．
3 総エネルギー摂取量に占めるべき割合（％エネルギー）．
4 脂質異常症の重症化予防を目的としたコレステロールの量と，トランス脂肪酸の摂取に関する参考情報を表の脚注として記載．
5 脂質異常症の重症化予防を目的とした量を飽和脂肪酸の表の脚注に記載．
6 高血圧および慢性腎臓病（CKD）の重症化予防を目的とした量を表の脚注として記載．
7 通常の食品以外の食品からの摂取について定めた．
  a 集団内の半数の者に不足または欠乏の症状が現れ得る摂取量をもって推定平均必要量とした栄養素．
  b 集団内の半数の者で体内量が維持される摂取量をもって推定平均必要量とした栄養素．
  c 集団内の半数の者で体内量が飽和している摂取量をもって推定平均必要量とした栄養素．

［日本人の食事摂取基準（2025年版）］

表 4.2 目標とする BMI の範囲（18 歳以上）[1,2]

年齢（歳）	目標とする BMI（kg/m²）
18〜49	18.5〜24.9
50〜64	20.0〜24.9
65〜74[3]	21.5〜24.9
75 以上[3]	21.5〜24.9

1 男女共通．あくまでも参考として使用すべきである．
2 上限は総死亡率の低減に加え，主な生活習慣病の有病率，医療費，高齢者および労働者の身体機能低下との関連を考慮して定めた．
3 総死亡率をできるだけ低く抑えるためには下限は 20.0 から 21.0 付近となるが，その他の考慮すべき健康障害等を勘案して 21.5 とした．

［日本人の食事摂取基準（2025 年版）］

表 4.3 推定エネルギー必要量（kcal/日）

性別	男性			女性		
身体活動レベル[1]	低い	ふつう	高い	低い	ふつう	高い
0〜5（月）	—	550	—	—	500	—
6〜8（月）	—	650	—	—	600	—
9〜11（月）	—	700	—	—	650	—
1〜2（歳）	—	950	—	—	900	—
3〜5（歳）	—	1,300	—	—	1,250	—
6〜7（歳）	1,350	1,550	1,750	1,250	1,450	1,650
8〜9（歳）	1,600	1,850	2,100	1,500	1,700	1,900
10〜11（歳）	1,950	2,250	2,500	1,850	2,100	2,350
12〜14（歳）	2,300	2,600	2,900	2,150	2,400	2,700
15〜17（歳）	2,500	2,850	3,150	2,050	2,300	2,550
18〜29（歳）	2,250	2,600	3,000	1,700	1,950	2,250
30〜49（歳）	2,350	2,750	3,150	1,750	2,050	2,350
50〜64（歳）	2,250	2,650	3,000	1,700	1,950	2,250
65〜74（歳）	2,100	2,350	2,650	1,650	1,850	2,050
75 以上（歳）[2]	1,850	2,250	—	1,450	1,750	—
妊婦（付加量）[3] 初期					+50	
中期					+250	
後期					+450	
授乳婦（付加量）					+350	

1 身体活動レベルは，「低い」，「ふつう」，「高い」の 3 つのカテゴリーとした．
2 「ふつう」は自立している者，「低い」は自宅にいてほとんど外出しない者に相当する．「低い」は高齢者施設で自立に近い状態で過ごしている者にも適用できる値である．
3 妊婦個々の体格や妊婦中の体重増加量および胎児の発育状況の評価を行うことが必要である．
注 1：活動にあたっては，食事評価，体重および BMI の把握を行い，エネルギーの過不足は体重の変化または BMI を用いて評価すること．
注 2：身体活動レベルが「低い」に該当する場合，少ないエネルギー消費量に見合った少ないエネルギー摂取量を維持することになるため，健康の保持・増進の観点からは，身体活動量を増加させる必要がある．

［日本人の食事摂取基準（2025 年版）］

d. エネルギー産生栄養素バランス

エネルギーを産生する栄養素であるタンパク質，脂質，炭水化物（アルコールを含む）とそれらの構成成分が総エネルギー摂取量に占めるべき割合（% エネルギー）」としてこれらの構成比率を「**エネルギー産生栄養素バランス**」と設定している．エネルギー産生栄養素バランスを定めるには，Atwater係数を使ってタンパク質の量をはじめに定め，次に脂質の量を定め，その残余を炭水化物の量と考える．生活習慣病の発症予防とその重症化予防を目的とする．

「日本人の食事摂取基準」について詳しく知りたい場合は，厚生労働省のWebサイト「日本人の食事摂取基準（2025年版）」策定検討会報告書（https://www.mhlw.go.jp/stf/newpage_44138.html）を参照のこと．

C. ライフステージの特徴と食事

a. 妊娠期・授乳期

食事摂取基準では妊娠期・授乳期のエネルギー，タンパク質，ビタミン，ミネラルの付加量が示されている．妊娠中は母体の栄養状態の維持と胎児の発育のため，授乳期は母体の回復と母乳の分泌のためである．妊娠中は，**妊娠高血圧症候群**，**妊娠糖尿病**や**妊娠貧血**を発症することがある．塩分控えめで，母体の維持と胎児の体重増加に見合ったエネルギーの栄養バランスのよい食事を心がける．貧血防止のため吸収されやすいヘム鉄（魚や肉の赤身，卵）や，葉酸不足による新生児の**神経管閉鎖障害**のリスク低減のために緑色野菜を積極的に摂取する．授乳期は母乳分泌のために良質のタンパク質を摂取し，十分に休養をとることが大切である．

b. 乳児期

生後1歳未満を乳児期と呼ぶ．乳児期は発達が著しく新生児の体重は約3 kgであるが，1年後には約3倍になる．母乳または人工乳（育児用ミルク）による乳汁のみの栄養摂取から，生後5〜6か月頃に**離乳食**を開始し，12〜18か月頃に完了する．離乳食は**食物アレルギー**の症状に気をつけて，子どもの食欲や発達の状況に応じて進める．

c. 幼児期

1歳から5歳（小学校入学まで）を幼児期といい，正しい食習慣や食事マナーを身につける大事な時期である．食事摂取基準では1〜2歳，3〜5歳に区分して示されている．歯は生後5〜6か月頃から生えはじめ2歳半頃に20本の乳歯が生えそろう．咀嚼能力や消化吸収能力は十分に発達していないため，食品のかたさは歯の生え方を見ながら進め，規則的な1日3回の食事に加えて間食でも栄養補給する．

d. 学童期

　小学校の子どもを学童期といい，歯は乳歯が永久歯に生えかわる時期である．学童期前半は性差が小さいが，後半は成長が著しく，性差も現れる．食事摂取基準では6〜7歳，8〜9歳，10〜11歳の3区分で示され，成長に必要なタンパク質，ビタミン，ミネラルが考慮されている．学童期の欠食，偏食，食習慣の乱れは成人期の生活習慣病発症の原因となる．生活リズムを整え，**孤食**や**個食**を避けて楽しい食事を心がけることが大切である．また，学校給食による食教育も重要である．

e. 思春期

　第二次性徴のはじまりから性機能が完成するまでの時期を思春期という．年齢区分が難しく，学童期後半から18歳くらいの時期である．成長のためのタンパク質や身体活動レベルに応じたエネルギーが必要である．成長のための鉄の必要量が増加するため，ヘム鉄を多く含む動物性食品を摂取する．特に女性は生理に伴う鉄の損失やダイエットによる鉄欠乏が問題となりやすい．また，1日のカルシウム体内蓄積量が最大になる時期であり，高齢期の**骨粗鬆症**（こつそしょうしょう）を防ぐためにも積極的にカルシウムを摂取する．心身の発達のアンバランスにより，摂食障害などもみられるため，健康のために自分で正しい食習慣を身につける「食の自立」が求められる時期である．

f. 成人期・更年期・高齢期

　成人期には加齢により身体の変化が生じる．そのため，生活習慣病の予防のために栄養バランスのとれた食事と規則正しい生活を心がける．50歳前後の更年期は性腺機能が低下し，女性は閉経が起こり，**骨密度**が減少し，**血中コレステロール値**が増加しやすい．また，高齢期の身体状況は生活習慣病の有無などにより個人差が大きく，栄養管理は個人対応が必要である．咀嚼機能や消化器機能が低下し，特に介護が必要になると低栄養に陥りやすい．高齢者の食事は食べやすい切り方や嚥下（えんげ）しやすいようにとろみをつけるなど調理の工夫や，食べる楽しみのために嗜好への配慮が必要である．

4.2 献立をつくろう

A. 一汁三菜（五味・五色・五法など）

献立とは，一回の食事に供する料理の種類や順序，またその予定を立てることである．よりよい献立を立てるためには，まずはいろいろな食材や料理を知っておくことが大切である．

献立作成の際には，以下の点に留意する．

a. 適切な栄養素の供給

性別や年齢，活動状況などの喫食者の状況を把握し，食事摂取基準をもとに必要な栄養素量を決定する．献立の基本は一汁三菜であるとされ，主食に汁物，主菜，副菜2品を組み合わせることで，主食からは主に糖質が，主菜からは主にタンパク質や脂質が，副菜や汁物からは，主にビタミン，ミネラル，食物繊維，水分などが摂取でき，簡単に栄養バランスの優れた献立を立てることができる．不足している栄養素があればデザートなどで補給するとよい．一汁三菜の献立の配膳例を図4.1に示す．

図 4.1　一汁三菜の献立の配膳例

b. 多種多様な食品や料理の組み合わせ

毎日くり返される食生活だけに変化も大切である．五味（甘味・うま味・塩味・酸味・苦味），五色（赤・黄・緑・白・黒），五法（焼く・煮る・蒸す・揚げる・生）を意識する，つまり，さまざま味・色，異なる調理法をとり入れることで，飽きのこない，華やかでおいしそうな，変化に富んだ食卓を演出する．彩りを意識することは，現代の食生活で不足しがちな野菜をとり入れることにもつながる．そして喫食者は，これを五感で味わう．

c. 嗜好

栄養バランスのとれた献立を考えても，喫食者に食べてもらわなければ意味がない．偏食にはそれなりの対応が必要だが，喫食者の嗜好も考慮して献立を考える必要がある．

d. 季節感や食文化

食材には，"走り"，"旬"，"名残"の時期が存在する．まず，旬とは，その食材が食べ頃を迎える最盛期のことで，いちばんおいしく，栄養価が高く，多く市場に出回るため価格も安く手に入る．走りは，その食材の出始めの時期に初物を食べることで季節の訪れを待ち望み，名残は，終わりの時期を迎えつつある食材を食べることで，去っていく季節を惜しみながらまた出会えるのを心待ちにする日本ならではの食文化である．保存技術が発達し，ハウス栽培などが増えたことで一年中手に入る食材が多い現代ではあるが，旬の食材を食事にとり入れることで**季節感**を楽しむことができ，食事の変化にもつながる．また，**郷土料理**をとり入れることも食文化の伝承という点で大切である．

e. 安全性

食材を選択する際，調理加工過程，食卓において食材の品質や食品添加物，異物混入，保存状態，細菌による汚染，アレルギーなどさまざまな視点から安全であるかを確認し，献立を立てたり，食事を提供する必要がある．

f. 経済性や能率性

毎日の食事は，限られた予算や熱源，調理道具，調理時間や人手なども考慮して献立を考える必要がある．

B. 日常食

日常食は，自分や家族のための食事であり，日々の食事であることから，ライフステージ別に健康維持のために適した内容を考えることが重要である．献立は，主食，主菜，副菜，汁物，デザートを組み合わせ，一汁三菜を基本に考えるとよい．

また，家庭の食卓は，単に食事を食べる場ではなく，マナーや食文化を伝える場であり，さらに，家族とのコミュニケーションの場，癒しの場でもあることから，五味・五色・五法や季節感をとり入れ，家族の嗜好を考慮するなど，おいしく楽しく食事ができる空間にすることも大切である．

C. 供応食と行事食

供応食とは，酒食を供してもてなす食事のことであり，日本の**供応食**には，**本膳料理**，**懐石料理**，**会席料理**，**精進料理**，**普茶料理**，**卓袱料理**などがある．一方で，行事食とは，一年を通じて決まった日に行われる民族的な年中行事にかかわ

る食事のことである．供応食や行事食は，日常食とは異なり特別な日の食事であることから，栄養価よりおいしさや楽しさ，満足度などが優先される．ここでは，供応食の代表とされる本膳料理，懐石料理，会席料理，および行事食について述べる．

a. 本膳料理

日本料理の正式な膳立てとされ，古代の宮中の年中行事や貴族の邸宅で行われた**大饗料理**の流れを受け継いだものである．室町時代に武家の儀式料理として成立した「**式正料理**」のなかで発展し，江戸時代になってさらにその内容や形式が充実した．江戸時代末期には一般にも普及しはじめたが，現在では，冠婚葬祭などの**儀礼食**として残っているのみである．種類としては，一汁三菜，一汁五菜，二汁五菜，二汁七菜，三汁九菜などがあり，陽数（奇数）を基本とする．本膳，二の膳，三の膳，与の膳，五の膳などと呼ばれる何種類もの料理をのせた小さな高脚膳がいくつも並べられる形式である．三汁七菜の整え方を図4.2に示す．

図4.2　本膳料理の三汁七菜の整え方

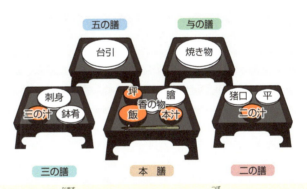

本汁：味噌仕立て　　　膾：魚介類の酢の物または刺身　　　坪：煮汁の少ない煮物
二の汁：すまし仕立て　平：煮物を数品　　　　　　　　　　猪口：浸し物または和え物
三の汁：変わり仕立て　鉢肴：焼き物または揚げ物　　　　　刺身：刺身
焼き物：姿焼き　　　　香の物：漬物を数種　　　　　　　　台引：引物菓子または鰹節等の土産物

b. 懐石料理

茶事の席で客をもてなすための料理で，「**茶懐石**」とも呼ばれる．"懐石"という呼称は，禅僧が修行中の空腹をしのぐために温めた石（温石）を懐に入れたことに由来しており，一時の空腹をしのぐ程度の簡素な食事，すなわち，茶事における濃茶をおいしく飲むための軽い食事をさす．茶の湯の簡素化を図り，侘び茶の様式を確立した千利休によって，安土桃山時代に懐石料理の原形がつくられた．季節感を感じられるように素材や調理法にこだわるなど，亭主のもてなしの心を大切にする料理であり，膳は折敷一膳で，飯・汁・向付・煮物・焼き物の一汁三菜が基本である．懐石料理の整え方を図4.3に示す．

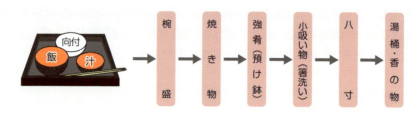

図 4.3 懐石料理の整え方

汁：味噌仕立て　　向付：魚介類の酢の物または刺身　　椀盛：煮物を数種
焼き物：蒸し物や煮物のこともある　　強肴(しいざかな)：主人の心入れの料理で，とりまわしとする
小吸い物：淡泊なすまし仕立てで，次に出る八寸を味わうために口のなかを整える
八寸：八寸四方の杉の折敷に数種盛り合わせ，とりまわしとする
湯桶：こんがり焦げた飯に熱湯を入れ塩味をつけたもの

c. 会席料理

　江戸時代中期，多くの人が会合する俳諧などの席（会席）が，当時普及してきた料理茶屋で行われるようになり，その席で出される料理を**会席料理**と呼ぶようになった．その後，酒宴の席で出されるもてなし料理をさすようになり，現在も，料理屋で供される料理の多くはこれに分類される．吸い物，刺身，焼き物，煮物を中心とした一汁三菜を基本とし，酒の肴(さかな)として前菜や揚げ物，蒸し物，酢の物，和え物などが出され，最後に飯とみそ汁（止め椀），香の物が出される．形式や作法を重んずる本膳料理や懐石料理に対して，酒や食事をくつろいで楽しむ料理である．

d. 行事食

　行事食とは，年中行事や人生儀礼などの祝い事の際に食べる料理のことで，日常の食事を「**ケの食事**」と呼ぶのに対して，行事食は「**ハレの食事**」とも呼ばれる．主な年中行事とそれにかかわる行事食を表4.4に示す．

　現代のように食べ物が豊富になく，健康に生きることが難しかった時代の人々は，季節や人生の節目に神仏を迎えて儀礼を行い，行事食を食べることで，自然の恵みや一年無事に過ごせたことに感謝し，その後の豊作や豊漁，家族の健康や子孫繁栄を祈り，縁起を担ぐなどして，一生懸命，生活してきたのである．しかし，時代の流れとともにその存在自体が薄れてきている行事もあり，儀礼や行事食の意味が受け継がれなくなってきている．日常において家族がそろって食事をすることが難しい場合には，何かの行事を理由に家族で食卓を囲み，いつもとは少し違う料理を食べながら楽しく会話をする，といったことも必要であろう．食文化の伝承という点においても食育の重要性がうたわれているが，それ以前に，まずは各家庭で日本の食文化を次世代に伝えていきたいものである．

表4.4 行事と人生儀礼の種類

日本の五節句と代表的な食べ物

月　日	節句名	通　称	節句に食べる代表的な食べ物
1月7日	人日の節句	七種の節句	七草粥（芹・薺・御行・繋蔞・仏の座・菘・清白）
3月3日	上巳の節句	桃の節句（ひな祭り）	桃花酒，よもぎ餅，白酒，蛤，五目寿司，ひなあられ
5月5日	端午の節句	こどもの日	粽，柏餅
7月7日	七夕の節句	七夕	素麺
9月9日	重陽の節句	菊の節句	菊酒

五節句以外で日本でよく行われている行事および人生儀礼

月　日	行事名	行事で食べる代表的な食べ物
1月1日〜3日	正月三が日	おせち料理，屠蘇，雑煮
1月11日	鏡開き	ぜんざい（鏡餅使用）
1月15日	小正月	小豆粥，小豆飯
2月3日	節分	炒り豆，いわし，巻寿司
2月14日	バレンタインデー	チョコレート
3月18日〜一週間	春の彼岸	ぼたもち
4月8日	花祭（釈迦の誕生日）	甘茶（5種類の香茶）
7月	土用の丑	うなぎ
8月13〜15日*	お盆	精進料理，精進揚げ
8月15日（旧暦）	仲秋の月見（芋名月）	月見団子，柿，栗，里芋など
9月20日頃〜一週間	秋の彼岸	おはぎ
9月13日（旧暦）	名残の月見（豆名月）	月見団子，枝豆，栗など
10月31日	ハロウィン	カボチャ料理
11月23日	新嘗祭	収穫した米でつくった赤飯
12月22日	冬至	カボチャ，小豆
12月25日	クリスマス	クリスマスケーキ，チキン
12月31日	大晦日	年越しそば（晦日そば）

＊地域によっては7月のところがある．

4.3　台所からみる環境問題

　調理は，日々くり返される営みであり，食材の選択・購入といった消費行動から，台所における低温保存や調理（洗浄，加熱，保温），食事，後片付け（排水・廃棄）に至るまで環境問題に大きくかかわっている．しかしながら，企業などの産業部門とは異なり，家庭には法律による規制が直接及ばないため，個人の環境意識と行動に頼ることになり，なかなか改善されないのが実状である．
　調理を通じて環境問題解決のために私たちがとりうる対策は，大きくみると

2つある．ひとつは「省資源」の観点から「エネルギー」「水」「食糧」の3つを節約，あるいは無駄をなくして有効利用すること，もうひとつは「環境保全（環境負荷低減化）」の観点から「二酸化炭素（CO_2）排出抑制（低炭素化）」と「水質汚濁負荷低減化」を進めることが考えられる．しかし，それぞれは個別の環境問題ではなく，互いに密接に関連しあっている．たとえば，ガスや電力（火力発電）を用いて調理した場合，「エネルギー消費」と「CO_2排出」は同時に起こる．ここでは便宜上，台所から発生する環境問題を，調理とエネルギー消費，調理と台所排水ならびに調理による廃棄物の3つの項目に分けて解説する．

A. 調理とエネルギー消費

a. 直接的なエネルギー消費の特徴と対策

家庭のエネルギー消費量は年々増大している（図4.4）．最近の内訳をみると，「家電などの動力・照明ほか」「給湯」「暖房」の順に占める比率が高い．家電製品の種類が多様化し，各家庭での保有台数が増加したことが一因である．最近の照明や家電は省エネルギー（省エネ）配慮型が増えていることから，それらへの買い替えは省エネとCO_2排出抑制に効果的である．また，調理家電の使い方にも注意が必要である．たとえば，冷蔵庫に食品を詰めすぎないなどの工夫は省エネに有効である．給湯ポットや炊飯器の保温機能の長時間使用は電力を多く消費する．飯はそのつど必要量を炊き，それでも余った飯は冷凍保存し，必要なときに電子レンジで温めたほうが省エネになる．「給湯」は風呂のほか，台所でも用いる機会は多い．不必要に温水を使用する習慣を改めることで効果的にエネルギー消費を低減できる．

図4.4 世帯当たりのエネルギー消費原単位と用途別エネルギー消費の推移

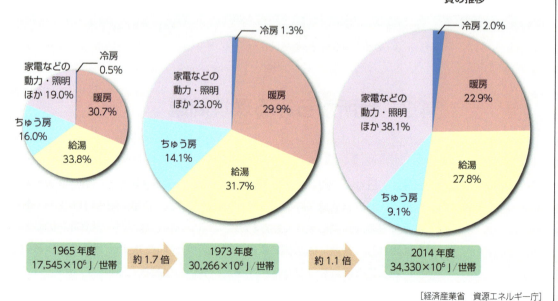

［経済産業省　資源エネルギー庁］

b. 間接的なエネルギー消費の特徴と対策

　食材の選択・購入は，間接的だが膨大なエネルギー消費と関連している．日本の食料自給率（カロリーベース）は39％（2010～2015年度）と先進諸国のなかで最も低く推移してきた．そのため，食料の6割を海外から輸入している日本は，フードマイレージ（食料輸送量（kgまたはt）×輸送距離（km））が諸外国の数倍の大きさである．フードマイレージは，数値が大きいほど環境負荷が大きいことを意味している．特に，長距離になればなるほど，輸送を担う交通機関のエネルギー消費量が上乗せされる．つまり，どこで生産された食材を調理に用いるかによって環境に与える負荷は大きく異なってくる．したがって，「地産地消（国内の土地で収穫された農産物を，その地域で消費する行動）」に徹すると，フードマイレージを大きく減少させることができる（図4.5）．

　ところで，フードマイレージには，飛行機，船舶，トラック，鉄道など輸送手段によるCO_2排出量の違いは反映されていない．そこで，CO_2排出量をより定量的に捉えたものとしてカーボンフットプリント（CFP）の考え方が導入されている．また，水の消費量の観点から，バーチャルウォーター（VW）という考え方もある．食料を輸入している国（消費国）において，もしその輸入食料を自国で生産するとしたら，どの程度の水が必要かを推定したものである．したがって，フードマイレージの大きい日本は大量の水輸入国でもある．

　地産地消には，環境負荷の低さのほかに輸送コストの低さや鮮度保持，食の安全性確保の視点から，生産者の顔が見える，すなわち生産履歴（トレーサビリティ（p.154コラム参照））がわかる安心感などの利点がある．さらに，旬の食材を消費する旬産旬消は，生産にかかるエネルギーコストが低いため比較的安価で，かつおいしく栄養価が高い．そのうえ，野菜であれば植物本来の抵抗力が強い時期であるため，農薬使用量も少なくてすむ．

図4.5　食材の生産地の違いによる郷土料理のフードマイレージとCO_2排出量の比較

石川県の郷土料理（写真）の献立に用いた各食材（左表）の購入先を変えてフードマイレージとCO_2排出量を比較している．

［農林水産省統計企画課　中田哲也：フードシステム研究，17（2010）より作成］

B. 調理と台所排水

a. 汚濁負荷低減化の必要性

日本は豊かな水資源に恵まれた国ではあるが，水資源を守ることは大切である．調理に用いる水道水（上水）は，浄水場で湖や河川の水（原水）を飲料水のレベルまで浄化したもので，浄水には大量のエネルギーが使われている．省エネルギーの観点からも節水が求められる．

1955年以降，高度経済成長に伴い，産業排水による海や河川の水質汚染が急速に進み，各地で公害が発生し，大きな社会問題となった．しかし，その後の法的整備により，水質汚染の進行に一応の歯止めがかけられた．現在では，川や海を汚す原因は，産業排水よりもむしろ家庭からの生活排水が大きなウエイトを占めている．水の汚れを表す代表的な指標を下記のコラムに示した．

図4.6に一人が一日に生活排水として排出する汚濁量をBODで示す．台所排水の占める割合が高いことがわかる．排水が流入する下水道の終末処理場では汚れが多いほど処理のためのエネルギーを消費する．一般の下水処理場では汚れに含まれる窒素（N）・リン（P）除去率が低いことから，処理された排水の閉鎖性水域

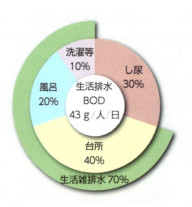

図4.6 一人一日当たりの生活排水汚濁負荷量に占める台所排水の割合

[平成10年度 環境白書]

水質汚濁の指標

BOD（生物化学的酸素要求量）：有機物の汚れの指標．好気性微生物が有機物を酸化分解した際に消費される溶存酸素量で表したもの

COD（化学的酸素要求量）：有機物の汚れの指標．過マンガン酸カリウムなどの酸化剤で有機物を酸化分解した際に消費される酸素量で表したもの

N（総窒素）：有機・無機化合物に含まれる窒素の総量

P（総リン）：有機・無機化合物に含まれるリンの総量

表 4.5 台所から排出される主な水質汚濁源と汚濁負荷軽減対策

汚染源	汚濁負荷量[1~3,5)]	対　　　策
食用油(揚げ油)(500 mL)	BOD*: 700～900 g	排水口から流さない．油専用の凝固剤で固めたり，新聞紙に油をしみこませて可燃ごみとして出す．揚げ油をくり返し使いすぎると，油脂の劣化が進んで衛生上好ましくない[4)]**
おでんの煮汁(500 mL)	BOD: 37～48 g N*: 2.1 g P*: 490 mg	残った煮汁は，新たに豆腐や野菜などを煮るのに使いまわすと，経済的でかつ水質汚染にもつながらない
食用油(食器や鍋に付着した油) 大さじ1杯強(20 mL)	BOD: 30 g	ゴムべらや紙で油汚れをふきとってから食器や鍋を洗浄する
牛乳　コップ1杯(180 mL)	BOD: 14～25 g	
コーンポタージュスープ 1カップ(150 mL)	BOD: 19 g N: 200 mg P: 32 mg	必要以上に購入したりつくったりして余ることがないようにする
米のとぎ汁(米3合)	BOD: 8～10 g N: 100～300 mg P: 150～200 mg	米のとぎ汁は植物の水やりに使う 軽い混ぜ洗いですませることで汚濁量を削減できる[5)] 無洗米(乾式)の利用で大幅に汚濁量を削減できる[5)]
めんのゆで汁 生そば(打ち粉あり)(100 g) スパゲテイ(乾麺100 g)	COD*: 9.5 g COD: 2.5 g	生めんの場合，打ち粉を除いてゆでる[5)] 食器洗いにゆで汁を使いまわす
みそ汁　一椀(200 mL)	BOD: 7 g	必要以上に購入したりつくったりして余ることがないようにする
ラーメンの汁(250 mL)	BOD: 6.5 g N: 300 mg P: 73 mg	インスタントラーメンに添付されたスープ類は，濃いめの味付けになるように充填されているので，塩分や油分の摂取を控える点からも，また水質汚濁を軽減させる点からも，全量使わないようにする
日本酒　杯1杯(20 mL)	BOD: 4 g	必要以上に購入したりつくったりして余ることがないようにする
ビール　グラス1杯(200 mL)	BOD: 3 g	
食洗機専用洗剤　1回分 液体(5 mL) 粉末(6 g)	COD***: 900 mg COD***: 450～600 mg	食器の汚れをあらかじめふきとってから洗浄する できるだけ汚濁負荷量の低い洗剤を選ぶ必要があるが，消費者には今のところ判断のための情報がない
石けん　1回分(0.7 g)	COD: 132 mg	"適正量"を守る 使用量をできるだけ少なくする
合成洗剤　1回分(0.75 mL)	COD: 45 mg	
食品の汚れ	—	食器や鍋などの汚れをゴムべらなどでふきとって洗うことで汚濁量を大きく削減できる[5)]
排水口のごみ	—	目の細かいネットでごみを受ける 三角コーナーと排水口にネットを装着し二段階で受ける こまめに回収して水をよく切り捨てる ディスポーザー(流し台の排水口に設置した，野菜くずなどを刃で粉砕して水で流す装置)は用いない

＊【水質汚濁の指標】本文コラム参照
＊＊揚げ物に何度も用いた油を炒め油に使いまわすと，油と空気との接触面積が広い炒め物は急速に油の熱酸化を進めることが報告されている[4)]
＊＊＊筆者の分析による数値

1) 東京都消費生活総合センター，汚れを流さないために―環境にやさしい生活を考える―，p.41～45，55～56(1997)
2) 松重一夫・水落元之・稲森悠平，生活雑排水の汚濁成分および原単位，用水と排水，32(5)，386-390(1990)
3) (社)日本水環境学会，Q＆A改訂水環境と洗剤，p7，ぎょうせい(2000)
4) 福井裕美・薄木理一郎・金田　尚：炒め物の際の油の劣化について．調理科学，11(2)，139-142(1978)
5) 白杉(片岡)直子・小谷スミ子・中村恵子・粟津原宏子，調理および食器洗浄方法の工夫による台所排水の環境負荷低減効果，日本調理科学会誌，36(2)，130-138(2003)

（湖，湾，内海）への流入がN・Pによる富栄養化を招き，藻類の異常繁殖や赤潮の原因となり，水質悪化につながる．また，下水処理場からの処理排水が流入する河川の下流域や湖の水がそのまま水道原水となるケースが多くあり，汚れた水道原水ほど浄水場での浄化にエネルギーを要する．したがって，私たちは台所からできるだけ汚れた排水を出さないよう注意する必要がある．

日本の台所排水汚濁負荷の特徴は，①食生活の欧米化による油の排出量の増加，②主食の米のとぎ汁の負荷量の高さである．したがって，これら2つの汚れをできるだけ流さないように工夫するだけでも大きな効果が得られる．台所排水の代表的な汚濁源と汚濁負荷量，具体的な対策を表4.5に示す．

b. 手洗いと食器洗い機（食洗機）の違い

近年普及が進んでいる食洗機による洗浄と従来の手洗い洗浄を比較してみる．手洗いでは，界面活性剤である洗剤によって油を水に可溶化する作用と，泡の表面張力やスポンジのこすり洗いなどによる物理的な作用とを併用して最終的に流水で汚れを除去している．一方，食洗機による洗浄の特徴としては，①一定量の溜め水を使いまわしながら洗浄していること，②水流が60℃前後と高温であること，③食器表面に打ちつける水流の圧力が高いこと，さらには④洗剤中の酵素類（デンプンを分解するアミラーゼやタンパク質を分解するプロテアーゼなど）によって食品残渣である固形有機物を分解・可溶化していることがあげられる．その結果，食洗機のほうが手洗いよりも節水効果が高い．しかし，いったん可溶化された汚れは排水口のネットで回収できない．水質汚染の視点からは，食洗機においても事前の食器汚れのふきとりが重要である．

C. 調理による廃棄物

a. 台所ごみ（厨芥）

家庭ごみは，重量にして半分近くを厨芥類が占めており，次いで紙類や容器・

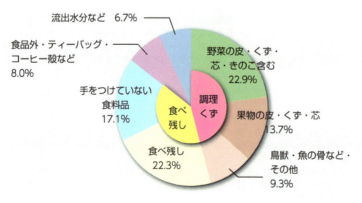

図4.7 家庭ごみ中の厨芥類の内訳（%，重量ベース）

［2012年度 京都市調査をもとに作成］

包装廃棄物が多い．図4.7に示したように，家庭からの厨芥類は，調理くずと食べ残しに大別できる．調理くずのなかには，可食部まで皮を厚くむいた野菜くずや肉の脂肪，鶏・魚の皮など（過剰除去）が含まれ，食べ残しには賞味期限切れなどで食べられるのに手をつけずに捨てられた食品ごみ（直接廃棄）も含まれ，いわゆる食品ロスを生み出している．農林水産省の調査によると，「食卓に出した料理を食べ残した理由」では「料理の量が多かったため」が，「食べ残した料理を廃棄した理由」では「食べる見込みはないため」と回答した世帯がそれぞれ70%を占めていた．このことからも日々の食品購入や調理を計画的に行う大切さが読みとれる．

b. 食品ロス

地球温暖化の進行により地球上の食糧危機がますます深刻化するなかで，食料の生産から消費に至る全過程で世界の生産量の1/3にあたる約13億トンの食料が毎年廃棄されている．開発途上国ではカビや虫害による農作物の損失が大きいのに対し，先進国では小売りや消費段階での廃棄の割合が大きい．

日本も例外ではなく，食料自給率が低いにもかかわらず，年間632万トンもの食品ロス（本来食べられたはずの食品廃棄物）を出している．うち一般家庭からの食品ロスは約半分の302万トンにも及ぶ（2013年）．なぜこのような大量の食品ロスが生まれるのだろうか．日本の場合，スーパーマーケットや飲食店などの事業系廃棄物は，その半分以上が規格外品，返品，売れ残り，食べ残しである．製造日から賞味期限までの期間のうち最後の1/3の期間に早くも店頭から撤去・廃棄を行う商習慣が関係している．消費者の過度な鮮度志向と相まって，食品ロスが簡単にはなくならない構造的な背景がある．加えて，日々，家庭から発生する大量の食品ロスには，前述の手つかずの食品もかなり含まれている．

消費期限は，製造日を含めて5日以内（生もの）で衛生上の安全を保障する期間であるが，賞味期限は6日以上日持ちするものに対して，おいしさの保障の目安を提示するものである．したがって，未開封の状態で表示どおりに保存したものであれば，賞味期限の期日がきても，すぐに食べられなくなるわけではない．したがって，食品衛生に注意する一方で，色やにおいなど五感で食品の鮮度を判断する力を身につける必要がある．

c. 容器包装廃棄物

容器包装廃棄物が多い理由のひとつに日本の過剰包装の商習慣があげられる．消費者が買い物袋やバッグを持参して過剰包装を断ることが必要である．調理済み食品の容器や市販飲料のペットボトルなどの容器の廃棄物の増加は，料理だけではなく飲み物にも利便性を追求してきた結果である．家庭でお弁当をつくる，緑茶やコーヒーなどの飲み物をいれる習慣を身につけることが容器包装廃棄物の発生源抑制につながる．表4.6に台所ごみを減らす工夫を記した．

環境問題の解決には，発生した環境負荷を軽減する技術的対応と，そもそもの

環境負荷発生を抑制する対策（発生源抑制）との両方が必要である．調理にかかわる環境問題は，発生源抑制につながる生活者の自主的な行動が解決の鍵を握っている．

表 4.6　台所ごみを減らす工夫―3つの視点から

①計画的な食品の購入と調理	・必要な食品を必要な分量だけ購入する ・購入後は，鮮度が落ちたり，腐敗したりしないうちに調理して消費する ・料理は食べる量を見込んで，つくりすぎない ・ありあわせの材料をいかしてつくる，いわゆるまかない料理のようなものをつくれるようにする
②容器包装ごみの減量	・買い物袋やバッグを持参する習慣をつける ・家庭で食材から調理する機会を増やす 　→手づくりのお弁当 ・日頃から茶やコーヒーなどの飲み物を家庭でいれやすい体制をつくっておく 　→水筒の持参
③食品ロスの低減	・過剰除去の削減・生ごみの減量 　　大根の葉やだしをとった昆布や鰹節（かつおぶし）を捨てずに調理する 　　生ごみは水気を十分切ってから廃棄する ・賞味期限の意味を理解する 　　過度な鮮度志向をやめる．すぐに食べたり，すぐに使用する予定の食品を購入する場合は，あえて賞味期限が近づいている商品から購入する ・ドギーバッグを導入した飲食店を選ぶ ・フードバンクの利用：食品を廃棄しないで循環させる

省エネ加熱調理のコツ

加熱調理の省エネと CO_2 排出抑制のためのコツをいくつかあげよう．水を使う湿式加熱（p.74 参照）では，水の温度を上げるのに熱エネルギーの大部分が使われることを知っておこう．

- 鍋底は水気を拭いて火にかける
- ゆでたり煮たりするとき，水の量を多く入れすぎないようにする
- 鍋に蓋（ふた）をして，加熱する（シチューやカレーなどの煮物，ハンバーグの焼成）
- 煮物などに落とし蓋も活用する
- 鍋底から炎がはみ出さないようにする
- いったん沸騰したら弱火にする
- 余熱をうまく利用する
- 調理の手順を考えて，無駄な加熱をくり返さないようにする
　　野菜はまとめて下ゆでする
　　野菜のゆで汁を汁物に使いまわしたり，油抜きに用いたりする
　　同時調理の工夫もとり入れる
　　汁物はほかの料理の出来上がりに合わせてつくる
　　鍋にカバーを被せて保温効果を図る

5. 基本的な調理操作

5.1 調理の意義

　多くの動物は，口から食べ物を摂取して生きている．しかし，人間以外の動物は，食べ物に手を加えることなく，そのままのかたちで食べている．これに対し，人間だけが，食べ物を切断したり，加熱したり，味付けしたりといった調理を行って食べている．つまり，調理は人間だけが行うことができる行為なのである．人間は，生鮮食品や加工食品をそのまま食べることもあるが，通常は調理を経て食べている．

A. 調理を行って食べる目的

　調理を行って食べる目的として，安全性の向上，栄養の利用効率の向上，嗜好性の向上がある．生のまま食べては危険で，消化しにくくて栄養になりにくく，また，まずくて食べにくいものを，安全に，栄養になりやすく，また，おいしく食べやすくするのが調理である．

a. 安全性の向上

　食べ物は安全でなくてはならない．しかし，生の食素材は，肉や魚などのように，微生物や寄生虫などで汚染されていることが多い．また，毒性を有する部位が存在することもある．危険というほどではないにしても，表面が土や泥などで汚れていることもある．表面の汚れなどは洗浄によって，毒性を有する部位は切断によって，微生物や寄生虫などは加熱によって，除去することができる．これらの調理操作によって安全性を向上することが調理の意義のひとつである．

b. 栄養の利用効率の向上

　人間も含めた動物は，栄養を摂取するために食べ物を食べている．しかし，人

間は調理を行うことで食べ物の消化・吸収率を高めることができる．穀類やいも類などのデンプンは，加熱によって糊化し，消化吸収されやすくなる．また，肉，魚，卵などのタンパク質は，加熱によって変性し，消化性が高まる．植物性食素材の細胞壁に含まれるペクチンは，加熱によって流動化し，軟化する．さらに切断や磨砕などの非加熱調理によっても組織が破壊され，栄養成分が消化吸収されやすくなる．

c. 嗜好性の向上

他の動物とは異なり，人間だけが食事を楽しむ．そのために必要なのが嗜好性である．調味料を使って好ましい味やにおいをつける，加熱調理によって，味，におい，色，テクスチャーを変化させるなど調理によって嗜好性が大きく向上する．

5.2 計量

材料や調味料などの重量，容量(容積)や温度などを計ることである．日本では，現在，重量はkgやg，容量はLやmL，温度は℃（摂氏温度）で表されるが，国によっては異なる単位が使われている．特に米国では，ポンド(lb, 約0.45 kg)，オンス(oz, 約28 g)，ガロン(gal, 約3.8 L)，クォート(ガロンの1/4, 約946 mL)，液量オンス(約30 mL)，℉（華氏温度, ℉＝℃×9/5＋32）などが日常よく用いられる．日本でも合（約180 mL）や升（約1.8 L）は酒や米の単位としてまだ使われている．なお，ccはcubic centimeter（立方センチメートル）の省略形で，mLと同量である．

A. 重量

近年はデジタル式のクッキングスケール（キッチンスケール）が普及している．精度は機種や測定範囲によって異なるので注意する．また，水平に置かないと正しい重量を測定できない．材料の購入にあたっては必要量（可食部重量）に廃棄率を加味した量を購入する．

$$購入量＝可食部重量\times100/(100－廃棄率(\%))$$

B. 容量

少量の調理では，食品や調味料などのうち，粒体や粉末，液体は重さよりも容量で計るほうが便利なものが多い．容量の測定には，計量カップ(200 mL)や計量スプーン（大さじ15 mL，小さじ5 mL）が用いられる．なお，表5.1に示すように，同じ容量でも食品によって重量が異なるので注意する必要がある．

表 5.1 計量カップ・スプーンによる食品の重量

食品名	カップ1杯	大さじ1杯	小さじ1杯	食品名	カップ1杯	大さじ1杯	小さじ1杯
水, 酢, 酒	200 g	15 g	5 g	粉ゼラチン	100 g	8 g	3 g
味噌, 醤油, みりん	230	18	6	カレー粉	90	7	2
塩	200	15	5	コショウ	90	7	2
化学調味料	130	10	3	からし粉・わさび粉	80	6	2
砂糖	120	10	3	トマトケチャップ	230	18	6
グラニュー糖, ざらめ	170	12	4	トマトピューレ	210	16	5
粉砂糖	70	6	2	ウスターソース	220	16	6
水あめ, はちみつ	290	22	7	マヨネーズ	170	14	5
ジャム	270	22	7	ゴマ	120	10	3
マーマレード	270	22	7	油, バター	180	13	4
小麦粉 (薄力粉)	100	8	3	ラード	180	13	4
小麦粉 (強力粉)	110	8	3	ショートニング	160	12	4
片栗粉	140	14	3	ココア	90	6	2
コーンスターチ, くず粉	120	10	3	インスタントコーヒー	36	2.5	1
乾燥パン粉	80	6	2	紅茶	60	5	1.5
生パン粉	40	3	1	煎茶	70	6	2
ベーキングパウダー	150	12	4	番茶	50	4	1.3
スキムミルク	100	7	2				

C. 温度

近年はデジタル式の温度計が普及している．温度計には，水の温度を計るもの，揚げ油の温度を計るもの，料理の中心温度や表面温度を計るものなど，さまざまな種類のものがあるので，目的に応じて使い分ける．測定可能範囲を超えると，測定できないだけではなく，故障にもつながる．

5.3 味付け

味付けは，食品のもつ味だけでは嗜好性を満たすのに十分ではない場合に調味料などを加えて行う操作である．他の食品や調味料などを加え，新しい味をつくり出すことで嗜好性を向上させる．また，食塩，砂糖，酢などの基本調味料は食品の物性を変化させ，醤油や味噌などは風味をつけ，不快なにおいを消す効果をもつ．

A. 味付けにかかわる要因

食卓で塩や醤油などの調味料をかけるなどして，味をととのえて食べる場合，食品の表面だけに味をつけている．これに対し，調理における味付け操作では，食品に味を浸透させることが多い．味の浸透には，さまざまな要因がかかわっている．

a. 食品側の要因

同じ食材なら，球状やサイコロ状より板状のほうが表面から中心までの距離が短く，味が浸透しやすい．また，表面積が大きいほど浸透しやすいので，食材を小さく切る，薄く切る，切り込みを入れるなどの操作で味を浸透しやすくできる．また，組織がやわらかいほど味が浸透しやすいため，十分軟化させてから味付けするとよい．

b. 調味液側の要因

呈味物質の分子（もしくはイオン）の大きさが小さいほど，つまり分子量（式量）が小さいほど拡散係数が大きくなり，浸透速度が速くなる．たとえば，食塩（Na^+ = 23, Cl^- = 35.5）と砂糖（342）を比較すると，食塩のほうが拡散係数（分子量にほぼ反比例）が約10倍となり，浸透速度（拡散係数の平方根にほぼ比例）は3倍以上速い．

ただし，一般に調味液は水よりも粘度が高い．粘度が高いほど**拡散係数**が小さくなり，浸透速度は低くなる．したがって，味をしっかり浸透させるためには，デンプン（片栗粉など）のような粘度を上昇させるものは，なるべく後で添加する．また，調味液の温度が高いほど浸透速度は高くなる．弱火でじっくり煮る，保温鍋を用いるなど，高い温度を保つことにより味がよく浸透する．

B. 味付けの原理

調味料の成分は水溶性であり，水に溶けた状態で食品の内部に浸透する．生野菜のような「生きた細胞」からできている食品は，細胞膜が半透性を有しているた

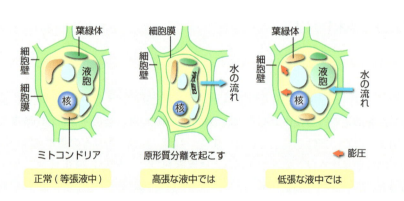

図 5.1　植物の細胞

め，水は細胞膜を通過できるが，調味料の成分は通過できない．そのため，高濃度の調味液に浸すと，浸透圧の差により，細胞内の水が細胞外に浸出する．その結果，原形質分離が起こり（図5.1），調味料が拡散により細胞内に浸透する．加熱食品の場合も，加熱により細胞膜の半透性が失われており，調味料が拡散により細胞内に浸透する．

C. 調味料の使用のコツ

基本的な調理における調味料の配合割合を表5.2に示す．調味料を加える順番は，さ（さとう＝砂糖），し（しお＝塩），す（す＝酢），せ（せうゆ＝醤油），そ（みそ＝味噌）とされる．塩よりも分子量の大きい（浸透しにくい）砂糖を先に，揮発性の風味成分を含む酢，醤油，味噌は後で加える．ただし，味を浸透させるためやにおい消しのためには，醤油や味噌を先に半量程度加え，残りは最後に加えて風味をつける．

(1) 煮物　調味料が浸透しにくいイモなどの煮物は，最初から調味料を入れる．煮崩れしやすい場合は途中で加熱を止め，煮汁中に浸す．

(2) ジャム，煮豆など　砂糖濃度が高い料理では，最初に砂糖をすべて入れてしまうと急速な脱水が起こるので，数回に分けて入れ，脱水を避ける．

(3) 焼き物など　長時間の加熱ができないので，あらかじめ調味液につけておく．

(4) 野菜炒め　脱水を避けるため，最後に味付けする．

(5) 調味液が少量の場合　調味液の対流を促し，全体に味が浸透するよう，落とし蓋をする．

浸透圧とは

物質が膜を通って拡散する現象を浸透という．半透膜とは，分子量が小さい溶媒分子だけを通し，分子量が大きい溶質分子を通さないものをいう．図に示すように，半透膜の両側に濃度の異なる水溶液（A, B）を入れると，濃度の低いほう（A）から高いほう（B）へ水が移動して両者の濃度を一定にしようとする．このとき，Bに圧力を加えると水の移動が止まる．この浸透を止めるのに必要な圧力を浸透圧という．細胞膜は半透性を有し，細胞外の溶液の濃度が高い場合（高張液）は，細胞から水が浸出する．逆に細胞外の溶液の濃度が低い場合（低張液）は，細胞へ水が浸入して膨らむ（野菜を水につけるとシャキッとする現象）（図5.1）．

表 5.2 調味料の配合割合（材料に対する%）

調理方法		塩	醤油	砂糖	みりん	酒	味噌	その他
焼き物	塩焼き	2						
	照り焼き		10	3	10			
	つけ焼き		15	3				
	味噌焼き			10			20	
	バター焼き	2						バター7, 小麦粉 7.5, コショウ 少々
	油焼き	1.8						油9, 小麦粉 10, コショウ 少々
煮物	醤油煮		10	5		9		煮だし汁 10
	佃煮		50	1.5				煮だし汁 0.8
	味噌煮			5	5		10	煮だし汁 18
	白煮（野菜）	2		2				煮だし汁 50
	白煮（魚）	2		2		10		
	甘酢煮	2		15				煮だし汁 30, 酢 10
和え物	ごま和え		10	5				ゴマ 15
	白和え	2		10				ゴマ 15, 豆腐 50
	酢みそ和え			5				酢 8
	ごま酢和え		10	10				ゴマ 20, 酢 10
	からし和え			4				からし 1
	おろし和え		2					ダイコン 12.5, 酢 2

注：煮物の調味は通常，塩味 1.5〜2%，甘味 3〜5%．

5.4 非加熱調理（器具も含む）

非加熱調理操作は，食品を加熱せず，物理的な力を加えて，外観や物性などに変化をもたらす操作である．非常に多くの操作があり，また，同じ操作でも目的によって表現を使い分ける．非加熱操作の種類を表 5.3 に示す．

A. 洗浄（洗う・研ぐ・濯ぐ・晒す）

水のほか，食塩水，酢水，氷水，洗剤溶液などを用いて，食材や器具に付着した汚れ，あるいは不味成分などの不要物を除去するために行われる操作である．方法には，連続洗浄（オーバーフロー方式）や回分洗浄（ため洗い，バッチ方式）がある．水は多いほど，水温は高いほど，水との接触面積が大きい（対象物をよく動かす）ほど，洗浄効果は高い．ただし，全水量が同じなら，1回当たりの水を減らして回数を多くしたほうが洗浄効果は高くなる．なお，洗浄中に，栄養成分や呈味成分の流出，食品の吸水や膨潤，組織の変化なども起こるため，適切に洗浄を行う必要がある．

表5.3 非加熱操作の種類

原理		非加熱操作
分離	固–固	切る，剥く，削る，裂く，削ぐ，刻む，引く，刳り抜く，捌く，卸す，砕く，潰す，擂る(当たる)，割る，裏漉しする
	固–水	洗う，研ぐ，濯ぐ，晒す
	固–液	漉す，搾る
	固–気	ガス抜きする
混合	固–固	混ぜる，和える，塗す，捏ねる，練る，打つ，伸す(熨す)，押す，握る
	固–水	掻き回す，掻き混ぜる，絡める，解す
	固–液	浸す，漬ける，戻す，溶かす
	固–気	泡立てる，篩う
温度		寄せる，冷却，冷凍，解凍
量		計量

固：固体，液：液体，気：気体，水：水溶液

B. 浸漬（漬ける・浸す・戻す）

水や調味液，薬液を食品中に浸透させる操作であり，主に調理の前処理に用いられる．また，漬物も浸漬の一種と考えることができる．

(1) 水浸漬 食品の膨潤，軟化，不味成分の除去（あく抜き，塩抜き，血抜き），物性改善（野菜をシャキッとさせるなど），褐変防止（ゴボウ，いも類，レンコンなど）などを目的として行う．乾物の膨潤においては，水を吸収するため，重量や容積が大きく増加する（表5.4）．

(2) 調味液・薬液浸漬 調味，臭み消し，軟化，防腐，着色，褐変防止などを目的として行う．

(3) 漬物 野菜のほか，果実，獣肉，魚肉などの食品を液体調味料（醤油，酢）や粉末，半固形の調味料など（塩，味噌，麹，酒粕，米糠）に漬ける．脱水や成分の浸透，自己消化や発酵などさまざまな変化が生じて漬物ができる．

表5.4 乾物の膨潤に伴う重量と容積の変化

乾物	重量変化	容積変化
干しわかめ	10倍	10倍
干ししいたけ	5.5倍	2.5倍
高野豆腐	5.5倍	4.0倍
切り干し大根	5.0倍	4.0倍
湯葉	4.0倍	3.5倍
干貝柱	2.0倍	2.3倍

〔基 本〕

1. 輪切り

slice
rondelle（ロンデル）
輪子片（ルンヅピエン）

2. 小口切り

chops
émincé rond（エマンセ ロン）
段（トワン）

3. 半月切り

slice and cut slices in half
demi-lune（ドゥミ リュヌ）
半月片（バンユエピエン）

4. いちょう切り

a quarter of a slice
tranche-éventail（トランシュ エヴァンタイユ）
扇子（シャンヅ）

5. そぎ切り

thinly sliced
émincé（エマンセ）
片（ピエン）（薄切り）

6. 色紙切り

cut into squares
paysanne（ペイザンヌ）
方（ファン）

7. 短冊切り

rectangular pieces
collerette（コルレット）
平片（ピンピエン）

8. 拍子木切り

cubic rectangular pieces
pont-neuf（ポン ヌフ）
条（ティヤオ）

9. せん切り

shredded
julienne（ジュリエンヌ）
絲（スー）

10. さいの目切り

diced
macédoine（マセドワーヌ）
丁（ティン）

11. あられ切り

medium cubes
brunoise（ブリュノワーズ）
小丁（シヤオティン）

12. みじん切り

minced
haché（アシェ）
末（モー），米（ミー）

13. くし形切り

wedged cuts
quartier（キャルティエ）
流子片（リュウヅピエン）

14. 乱切り

rolling wedged
tourner（トゥルネ）
馬耳（マーアル），兎耳（トゥアル）

15. かつらむき

peeling into thin sheet
ruban（リュバン）
渡筒切（トゥトンチエ）

16. ささがき

shavings
élancée（エランセ）
批片（ピーピエン）

図 5.2 食品の切り方の例
1～16 の絵の名称は，上段：英語，中段：フランス語，下段：中国語

〔応　用〕

17. 面とり
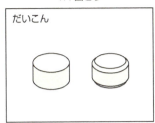

18. よりうど
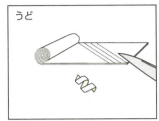

19. 蛇腹切り
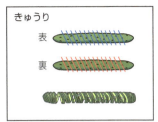

20. ちがい切り

21. 茶せん切り
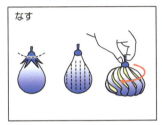

22. 菊花切り
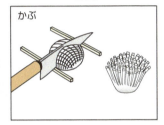

23. 花形切り
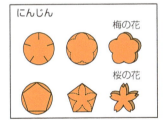

24. ねじり梅
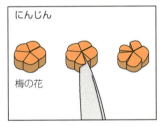

25. 末広切り
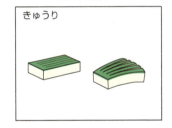

26. 松葉切り
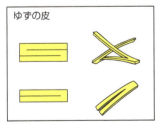

27. たづな切り
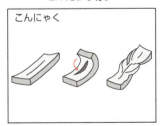

28. いかの飾り切り
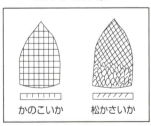

C. 切断（切る・剝く・削る・裂く・削ぐ・刻む・引く・刳り抜く・捌く）

手，刃物，その他の器具を用いて，食品を分割し，形体を変化させる操作で，不可食部の除去，加熱や味付けの促進，外観の変化(飾りつけ)，食べやすさの改善，咀嚼・嚥下の介助(刻み食)などを目的として行われる．食品の切り方の例を図5.2 (p.66, p.67)に示す．

D. 磨砕・粉砕（卸す・砕く・潰す・擂る（当たる）・割る・裏漉しする）

固形の食品に力を加えて原形をなくし，細粒状，粉状，パルプ状，ペースト状などに形状を変化させる操作である．製粉，物理性の改善(焼き肉，つみれ)，嗜好性の向上(ソーセージ，かまぼこ，マッシュポテト)，酵素反応の促進(わさび，大根おろし)，芳香生成の促進(コショウ，ゴマ)などを目的として行われる．ただし，ポリフェノールオキシダーゼによる褐変や，アスコルビン酸オキシダーゼによるアスコルビン酸の酸化など，好ましくない反応が起こることもある．

E. 混合（混ぜる・和える・塗す・捏ねる・練る・打つ・絡める・泡立てる・篩う）

混ぜる，捏ねる，練る，泡立てるなどは，1種または2種以上の食品(空気を含む)の状態を均一にする操作である．温度の均一化(粘性液の撹拌)，材料分布の均一化(複数素材の撹拌)，放熱，放湿(米飯の蒸らし)，調味料の浸透，物理性の改善(泡立て，乳化，ゲル化)，化学反応の促進（小麦グルテン）などを目的として行われる．一方，和える，塗す，絡めるなどは，食品に調味料や別の食品を付着させる調理である．酢みそ和え，白和え，ごま和えなど，和食でよく用いられる．

乳化とは

水と油のように，互いに溶け合わない2種類の液体の一方が他方に分散した状態である**エマルション**を得ることを**乳化**といい，エマルションを安定化させる物質を**乳化剤**という．

F. ろ過（漉す・搾る）

重力を利用するか，食品に力を加えて，液体成分を分離する操作である．成分抽出・分離(搾り汁・油搾り)，嗜好性の向上(ソース)，混合物の均質化(溶き卵)などを目的として行われる．

G. 冷却（冷ます・冷やす・寄せる）

　食品の熱を奪い，温度を下げる操作である．食品の保存，物性の変化，ゲル化（ゼラチン，寒天，デンプン），最適温度の保持（冷製料理，果物，飲料）などを目的として行われる．ゼラチンや寒天のゲルのなかに食品を混ぜて固めることを寄せるという．

　冷却の方法には，①室温で放置する，②風を吹きつけて冷やす，③流水や冷水で冷やす，④冷蔵庫内で冷やす，などがある．冷却効果を高めるには，冷媒（水や空気）などと接する面を大きくすることや，流水や風のように冷媒との温度差を大きく保つこと，食品を入れている容器の材質に熱伝導度の高いものを用いるなどの工夫が必要である．

　温度が低いほど，微生物の増殖や酵素の反応が抑制され，保存性を高めることができる．しかし，次項で述べるように，食品を凍結させると氷結晶の生成により食品の品質が劣化する．そこで，凍結する直前の温度（0～2℃）で保存するチルド保存が用いられている．また，氷温（－1℃）やパーシャルフリージング（－3℃）も用いられる．なお，低温においても増殖できる低温菌やカビなどもあり注意する必要がある．

H. 冷凍

　食品中の水分を凍結させる操作である．食品の保存のほか，物性の変化（氷菓，アイスクリーム）などを目的として行われる．凍結の方法としては，冷凍庫内で冷やすのが一般的である．

　ただし，食品中の水にはさまざまな成分が溶解しているため，0℃では凍結せず，－1～－5℃で凍結する（凝固点降下）．この温度帯を**最大氷結晶生成帯**と呼ぶ．最大氷結晶生成帯をゆっくりと通過させると（**緩慢凍結**），大きく成長した氷結晶が組織や細胞を破壊し，食品の品質が損なわれる．最大氷結晶生成帯をすばやく

図5.3　食品の冷凍曲線

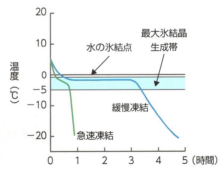

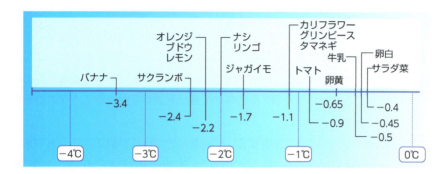

図5.4 さまざまな食品の凍結温度

通過させ（急速凍結），氷結晶が小さくなるように凍結すると，食品の劣化は小さい（図5.3）．種々の食品の凍結温度を図5.4に示す．

冷凍中には，微生物や酵素による劣化は起こりにくい．しかし，乾燥や酸化による劣化（冷凍焼け）は起こるので注意する必要がある．

I. 解凍

食品の氷結晶を融解する操作である．解凍方法の違いにより，食品の品質劣化の程度が異なる．品質劣化の原因には，成分の変化，組織の損傷，ドリップ，微生物の繁殖などがある．冷凍食品の性質を熟知して，最も適切な解凍方法を選択しなければならない．表5.5にさまざまな解凍方法を示す．

表5.5 食品別の解凍方法

	解凍方法	適用食品
緩慢解凍	空気解凍（冷蔵庫・室温）	食肉・魚肉・果実
	水解凍（ため水・流水・スプレー）	
急速解凍	加熱解凍	調理品・半調理品
	誘電加熱解凍（電子レンジ）	ほとんどの食品

5.5 加熱調理

A. エネルギー源（ガス・電気）

食品の加熱調理操作に使用される主なエネルギー源はガスと電気であり，そのほかに灯油や薪，炭などがある．また近年では，自然環境への配慮から太陽光が注目され，普及に向けて経済面や実用性の面からとりくまれている．

a. ガス

加熱に利用されるガスは，プロパンガスとしてガスボンベにつめて供給される液化石油ガス（LPガス）と，ガス管の設備により供給される都市ガスがある．液化石油ガスはプロパンやブタンを主成分とするため，空気より重く，都市ガスはメタンなどを主成分とするため，空気より軽い．ガスは，点火，消火，火力の調節が簡単であり，点火後の温度上昇が速く，高温にすることが可能である点で優れている．しかし，燃焼中に空気量が不足すると一酸化炭素を発生することや，燃焼により二酸化炭素を発生することから，十分な換気が必要である．

b. 電気

電気は，原子力，水力，火力，風力，太陽光などの発電によって供給されており，光や熱，動力，近年では遠隔操作の電波など，さまざまな形態に変換され，利用されている．そのため，加熱調理器具だけではなく，ミキサーやフードプロセッサーなどの多様な調理用エネルギー源として利用されている．電気は，点火後の温度上昇が遅く，ガスに比べて火力が弱いが，200 Vの電圧を使った器具の利用ではその欠点は改善され，燃焼ガスが出ないため空気が汚れず，炎による引火の心配がないなど，安全性が高い．このような安全性の面から，近年ガスコンロに代わって電気コンロ（電気ヒーター）が普及してきており，なかでも電磁調理器（IHクッキングヒーター）が主流となっている．

c. その他

ガス，電気以外のエネルギー源としては灯油や薪，炭などがあげられると前述した．ここではその薪と炭について紹介する．これらは，貯蔵場所，着火の手間，灰の処理，換気の点から，ガスや電気に比べて扱いが難しく，日常の利用というよりも野外でのバーベキューなど限られた範囲でこだわりをもって利用されることが多い．

薪は，木や木材を熱源として利用したもので，火力が安定しにくいが，たとえばピザなどのように薪のにおいを大切にするものや，囲炉裏のように雰囲気を演出するものなどに使用されることがある．

炭は，木材を高温で蒸し焼きにしてつくった燃料であり，煙が出ず，燃焼時間が長く，火力が安定している．炭の出す遠赤外線によって食材のなかまでふっくらと火が通り，独特の香りが得られることから，鰻の蒲焼きや焼き鳥などに利用される．

B. 加熱調理器具（器具としくみ）

a. ガスコンロ

ガスコンロは，図5.5に示すように，五徳とバーナー部で構成されており，ノズルからガスを噴き出すと同時に空気を吸い込み，混合管で混合されたものを炎

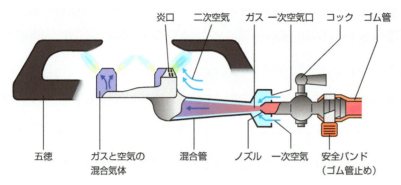

図 5.5 ガスコンロのしくみ

[参考図書：「ガスこんろの構造（ブンゼン式バーナー）」日本大百科全書（ニッポニカ）より]

口でさらに空気をとり込んで完全燃焼するといったしくみになっている．現在では，安全性の確保のため，立ち消え安全装置，自動消火機能，揚げ油の過熱防止装置，早切れ防止機能の4つの機能を搭載することが業界の自主基準として設けられている．ガスの炎の力で鍋底だけではなく鍋全体の温度を上げることで一気に加熱することができる．ガスの熱効率は40〜50％と低く，熱効率を上げるためにはバーナーの大きさや形状に適した鍋を選ぶ必要がある．

b. 電気コンロ

電気コンロの種類には，発熱体のニクロム線が露出した**ニクロム線ヒーター**，ニクロム線を金属パイプで覆った**シーズヒーター**，近赤外線の出るハロゲンランプを使用した**ハロゲンヒーター**，遠赤外線を使用した**ラジエントヒーター**がある．さまざまな電気コンロの構造を図5.6に示す．ヒーターに鍋底を密着させると熱が伝わりやすく，熱効率は60〜70％とガスコンロよりよい．消火後の余熱が大きく，これを利用するとエネルギーも節約できる．

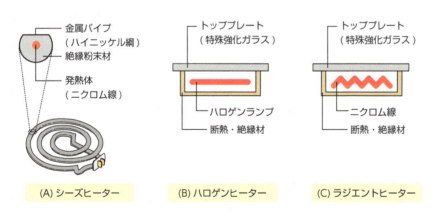

図 5.6 さまざまな電気コンロの構造

c. 電磁調理器

電磁調理器は誘導加熱（Induction Heating）を利用したものであることからIHと

図 5.7 電磁調理器による加熱の原理

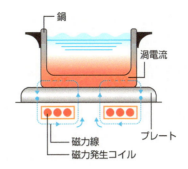

も呼ばれる．原理は図5.7に示すように，トッププレートの下にある磁力発生コイルに電流が流れると磁力線が発生し，この磁力線が鍋底を通過することで渦電流が生じる．この渦電流と鍋底の電気抵抗によってジュール熱が発生し，鍋自体が発熱する．このため，底の丸い鍋や耐熱ガラス製の鍋，土鍋などの電流が流れない材質の鍋は使用できない．熱効率は80～90%と高く，さらに炎がないため安全性が高く，トッププレートは掃除がしやすいなどの利点がある．

d. 電子レンジ

電子レンジは，**マイクロ波**を利用した加熱調理器具である．食品に周波数2450±50 MHzのマイクロ波を照射することで，食品中の水分子を振動させ，その摩擦が熱エネルギーとなって食品の温度が上昇する．図5.8にしくみを示すが，近年では，ターンテーブルではなくフラットタイプのものもある．水は誘電率が高いので，食品の水分量が発熱の程度に影響する．温度上昇が速く加熱時間が短くてよいことや，食品の成分変化や流出が少ないなどの利点がある．一方で，加熱むらが生じるという欠点もある．マイクロ波は金属に反射して火花を発することがあるため，電子レンジ加熱をする際は，陶磁器やガラス，プラスチック製などの耐熱性容器を使用し，金属製の容器や金彩色を施した容器は避ける必要がある．加熱だけではなく，解凍や，水分が蒸発しやすいことから食品の乾燥にも利用できる．

図 5.8 電子レンジによる加熱のしくみ

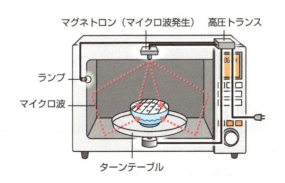

e. オーブン

熱源としてはガスと電気があり，図5.9のように，密閉された庫内全体で熱風の対流，庫壁からの放射，天板からの熱伝導によって食品が加熱される．周囲から加熱されるため，食品を動かす必要がなく，流動性のある食品も容器に入れて加熱することができる．しかし，加熱途中での調味が難しい．オーブン内は閉鎖されているので，食品からの水分により蒸し焼きのような状態になる．放射熱による加熱の割合のほうが高くなる自然対流式と，対流熱の割合のほうが高くなる強制対流式（コンベクションオーブン）があり，設定温度が同じでも加熱時間や仕上がりが多少異なる．近年では，家庭用として，電子レンジと一体型のものや，スチーム機能が搭載されたもの，過熱水蒸気を利用したものもある．

図5.9 オーブンによる加熱のしくみ

f. 炊飯器

熱源としてはガスと電気があり，現在では電磁誘導加熱（IH）を利用したものが主流になってきている．本来は，白米の吸水，炊飯，蒸らし，保温を自動で行うものであったが，玄米を炊いたり，炊き込みご飯やおこわ，粥（かゆ）が調理できるなどメニューが豊富になっている．日本人の主食である米の調理器具であるからこそ，炊きあがりのおいしさを求め，内釜の形状や構造，加熱方法など各メーカーでさまざまな研究が行われ，次々と新しいものが発売されている．

C. 湿式加熱（ゆでる・煮る・蒸す・炊く・過熱水蒸気）

湿式加熱は水や水蒸気が熱媒体であり，加熱温度は常圧下では約100℃までで，圧力鍋を用いれば120℃くらいになる．具体的な操作には，ゆでる，煮る，蒸す，炊く，過熱水蒸気の利用などがある．

a. ゆでる

多量の水を熱媒体として食品を加熱する調理操作で，ゆで水の対流により熱が伝えられるため，食品は均一に加熱され，調理の下処理として行われることが多い．食品の種類とゆでる目的により，ゆで水の量，添加材料，投入時期が異なる．ゆでる目的としては，組織の軟化，不味成分の除去（あく抜き，油抜き），デンプン

の糊化，タンパク質の熱凝固，酵素反応の抑制，色止め，殺菌などがあり，それらの効果を上げるために，ゆで水に，食塩，酢，灰汁，米糠，重曹（炭酸水素ナトリウム），ミョウバンなどを加えることがある．ゆで水が多いとあく抜きには効果的であるが，水溶性ビタミンやうま味成分などの溶出も多くなるため，あくの少ない食品のゆで水は少量でよい．緑色野菜をゆでる場合には，多量の沸騰水中に投入し高温でゆで，ゆでた後は速やかに冷水につけて鮮やかな緑色に仕上げる．いも類のように大きいものをゆでる場合は，食品の中心部まで温度が上がるのに時間がかかるので，その間の表面の煮崩れを防ぐため，水から入れて加熱する．一般的に，根菜類は水から，葉菜類や麺類は沸騰水でゆでる．卵は殻が割れないように水からゆでる．

b. 煮る

加熱と**調味**を目的に調味料の入った煮汁で食品を加熱する調理操作で，煮汁の対流により食品に熱が伝えられる．煮物は，利用できる食品の範囲が広く，調味料を途中で加えることができるなどの利点がある．しかし，煮汁中へ水溶性成分が溶出しやすい．出来上がりの煮物の味とテクスチャーに影響するのは，**火加減**，**食品の切り方**，**煮汁の量**，**調味料を入れる時期と順序**などである．一般に，根菜類やいも類などはやわらかくなってから調味料を加え，魚や肉は調味料の入った煮汁を沸騰させてから入れる．少量の煮汁の対流効果を上げるためや煮崩れを防ぐためには，**落とし蓋**の活用が有効である．煮物の種類を表5.6に示す．

表5.6　煮物の種類

種類	方法	食品例
煮つけ	煮汁を煮立て，短時間で煮る	魚
煮しめ	煮汁がなくなるまで煮て味をなじませる	根菜
煮込み	多めの煮汁で長く煮る	おでん，シチューなど
含め煮	たっぷりの薄味の煮汁でゆっくり味を含ませる	いも類，凍り豆腐
いり煮	調味し撹拌しながら煮る	卵，おからなど
炒め煮	油で炒めてから煮る	きんぴら，鶏
揚げ煮	油で揚げてから煮る	魚，ナス
煮浸し	薄味の多めの煮汁で煮る	青菜
蒸し煮	少量の水分（水やだし汁，酒など）を加え，蓋を密閉して煮る	アサリ，野菜

c. 蒸す

水を沸騰させて発生した水蒸気が温度の低い食品に触れることで，食品に**潜熱**（1gの水蒸気が1gの水になるときに発生する熱量，約0.5 kcal）を与え，その熱によって食品を加熱する調理操作である．すなわち，熱媒体は**水蒸気**であり，蒸し器内の**水蒸気の量**を調節することによって温度管理をする．食品を静置状態で加熱するため，形が崩れにくく，流動性のものでも容器に入れて加熱できる．蒸し器の水を補給すれば焦げる心配がなく，長時間加熱が可能である．蒸している途中は調

表 5.7 蒸し方の分類

加熱温度	方 法	食品，調理例
85〜90℃を保つ	火力は弱火で，沸騰直前ぐらいを維持する 蒸し器の蓋をずらす	茶碗蒸しや卵豆腐などの希釈卵液の料理など
100℃を保つ	火力は強火で，沸騰状態を維持する 蒸気が漏れないように，蓋は密閉する	いも類，蒸しパン，魚介類，肉類，饅頭類など
100℃を保つ＋補水	火力は強火で，沸騰状態を維持する 最初に霧を吹いたり，途中でふり水をして補水する．	こわ飯（おこわ），冷や飯，かたくなった饅頭類など

味しにくいため，調理前後で調味する必要がある．食品成分の流出は他の湿式加熱に比べて少なく，食品の風味を保つことができるが，魚などの場合，好ましくない味や臭みが残ることがある．蒸し方の分類を表5.7に示す．

d. 炊く

一般的には，米を加熱して飯にすること（炊飯）をさすことが多い．「豆を炊く」「おかずを炊く」「大根炊き」などもある．炊飯は，吸水した米を水のある状態で煮ることからはじまり，蒸す，焼くに変化する複合的な調理操作である．「水炊き」は昆布だしで鶏肉や野菜を煮る鍋料理の一種で，「炊き合わせ」は別々に煮物にしたものを組み合わせて盛りつける料理であることから，少し意味が異なる．

e. 過熱水蒸気の利用

過熱水蒸気とは100℃以上に加熱された水蒸気のことで，近年これを利用したオーブン調理が注目されている．「水蒸気が食品に触れたときの潜熱によって加熱する」というしくみ自体は蒸す調理操作と同様であるが，水蒸気が高温であるため焦げめをつけることができ，外はパリッと中はジューシーに焼きあがる．さらに，庫内を密閉し大量の過熱水蒸気で満たすことで，酸素を遮断して栄養素の酸化を防ぐことができ，余分な脂分や塩分はとり除くことができるなどの利点がある．

D. 乾式加熱（焼く・炒める・揚げる）

a. 焼く

焼く操作には，熱源に直接食品をかざして焼く「直火焼き（または直接焼き）」と，フライパンや鉄板，オーブン（天火）内で食品を加熱する「間接焼き」がある．加熱により食品の表面温度は150〜250℃になり，表面の水分は蒸発するため，味の濃縮が起こる．焦げ色と香りが生じて，特有の風味がつく．直火焼きと間接焼きの熱の伝わり方の違いを図5.10に示す．

(1) 直火焼き 串や網を用い，直接熱源に食品をかざして加熱することである．熱源には，ガス，電気，炭，薪などを用いる．温度調節が難しいので，食品の向きや火力，熱源との距離を変えて調節する．たとえば炭火では，炭の燃焼時の表面温度は500〜800℃となり，食品は主として放射熱で加熱される．炭火

図 5.10 直火焼きと間接焼きの熱の伝わり方の違い

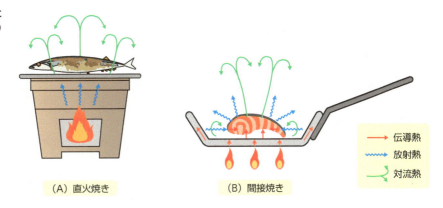

(A) 直火焼き　　(B) 間接焼き

→ 伝導熱
〜〜 放射熱
⇒ 対流熱

による加熱効果は，短波長から長波長までの広領域にわたる赤外線が放射されていることによるとされ，魚を焼く場合，炭火では強火の遠火がよいとされる．一方，ガス火では，放射熱よりも対流熱の割合が高いために熱源から離れると温度が低くなるが，近づけると中心部に火が通る前に焦げてしまう．このような場合にはガス火の上に焼き網をのせ，熱をいったん放射熱に変えて焼くとよい．

(2) 間接焼き　フライパンや中華鍋，鉄板，オーブンの天板，石などの中間体によって放射熱を伝導熱に変えて食品を加熱することである．鍋や板は厚みがあり，熱容量の大きいもののほうが温度の変化が少なく，一定温度で加熱できる．食品をアルミホイルや和紙で包んで焼く包み焼きも間接焼きのひとつである．ただし，包み焼きの場合，食品からの水分により蒸し焼き状態になるため，焼き調理特有の焦げはつかない．

新調理システム

給食施設などにおいては，新調理システムとして，調理と配膳サービスを分離したクックチル，クックフリーズシステムや真空調理などが普及しつつある．

従来の加熱調理したものをそのまま提供するクックサーブシステムに対し，クックチル，クックフリーズシステムは，加熱調理後に急速冷却または急速冷凍して保存し，その後，必要に応じて再加熱を行い提供するシステムである．一方，真空調理は，食材を生あるいは前処理した後に真空包装し，低温で長時間加熱，その後，急速冷却して保存し，提供する場合に再加熱を行う調理法である．これらの新調理システムを導入することで，衛生管理が徹底しやすいことに加え，作業の効率化，人件費の削減，労働環境の改善，メニューの多様化などのサービス向上などの利点がある．

b. 炒める

熱した鍋やフライパンに少量の油を入れ，主として**伝導伝熱**で，高温短時間で加熱する調理法である．油脂は熱媒体としての役割をもつほか，食品が鍋や鉄板に焦げつくのを防ぐ．材料に均等にかつ速く熱を加えるように，加熱中に撹拌したり，鍋をふり動かしたりするのが特徴である．食品は油膜に包まれ，表面が凝固するので，食品成分や水分の流出が少ない．

用いた油脂は高温で薄膜状になって加熱されるため，酸化しやすく油脂の劣化は急速に進む．

c. 揚げる

多量の油脂を熱媒体とし，油の対流伝熱により120～200℃で加熱する調理法である．高温の油のなかに食品を入れると，食品の表面から水分が急速に蒸発し，代わりに油が吸収される．揚げ種の表面付近では，脱水と吸油が起こり，**水と油の交換**が起こる（図5.11）．食品には**油脂の風味**が加わり，テクスチャーも変化する．揚げ物では，衣の水分と油の交換が十分に行われたものが，からりとした食感となる．脱水のされ方は，油の温度・新古，揚げ時間で変化する．特に油が古くなると粘度が高くなり，細かい泡がたち消えにくい，水と油の交代がうまくいかないなど仕上がりに好ましくない影響がでる．

表5.8に揚げ物の種類による吸油量の目安を示す．

揚げるときの温度は120～200℃の範囲にあり，食材の種類によって揚げ温度と時間が異なる．材料の中心部に適度に火が通り，外側がからりとした状態になるように温度を設定する．油の比熱は水の約1/2であるため，油は熱しやすいが，一度に多量の食材を揚げ油のなかに入れると油の温度が大きく下がる．160～180℃付近で揚げることが多い．一般に魚介類は高温で，いも類は中心

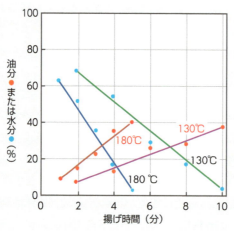

図5.11 ポテトチップの水と油の交代

［浜田滋子，調理科学，3, 31 (1970)］

まで火が通るように，やや低温で時間をかける．二度揚げは，いったん低温で揚げたあと高温で揚げる方法である．

表 5.8 揚げ物の種類と吸油率

揚げ方	材 料	吸油率(%)[1]	揚げ方	材 料	吸油率(%)[1]
素揚げ	カボチャ	7	天ぷら[2]	キス	18
	シシトウガラシ	10		イカ	18
	ジャガイモ（乱切り）	2		エビ	12
	ジャガイモ（拍子切り）	4		カボチャ	18
	ナス	14		シシトウガラシ	23
	肉団子	1		青じそ（大葉）	500
	クルトン（1cm角）	99		サヤインゲン	30
	ドーナツ	15		サツマイモ	12
から揚げ	カレイ	4	パン粉揚げ	エビ	13
	小ワカサギ	20		カキ	33
	アジ	6		豚ロース	14
	豆腐	6		ポテトコロッケ	8
	鶏肉	1	変わり揚げ	タラのフリッター	6
				タラの春雨揚げ	35

1 吸油率は衣をつける前の材料に対して
2 天ぷらの衣は，小麦粉 100：卵 60：水 140
注 ・同じ重さの材料を揚げても表面積が大きくなると吸油量が多くなる．
　・衣が厚くなると吸油量が多くなる．
　・油が古くなると吸油量が増える．

6. 食品の特性を知って調理する

6.1 植物性食品の調理による変化を知ろう

A. 米（炊飯の科学）

　米は，日本人の主食である．米の消費量は年々減少しているものの，日本人の米へのこだわりは強く，「コシヒカリ」や「あきたこまち」などのブランド米のほか，日本国内には300種以上の品種が存在する．

a. 米の構造と栄養成分

（1）米粒の構造　　玄米は，胚乳，糠層，胚芽から構成されており，糠層と胚芽の総称を糠という（図6.1）．糠を除去（搗精および精白）する割合により三分搗き，五分搗き，七分搗きと分類され，胚芽のみを残した米は胚芽米という．一般的に糠をすべて除去した精白米を最も多く食す．

（2）米の栄養特性　　米の主成分は炭水化物であり，精白米の約75％を占め，タンパク質は6～8％である．米のタンパク質は，必須アミノ酸のリジンが少ない．糠には無機質やビタミン類が多く含まれるが，精白によりこれらの栄養成分

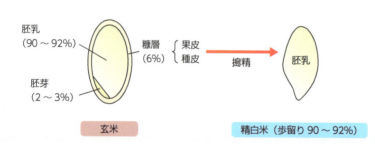

図 6.1　米の名称

は少なくなる．

b. 米の種類

米は，外観が短く丸い**ジャポニカ種**（日本型）と長細い**インディカ種**（インド型）に大別され，デンプン組成が異なることから食感も大きく異なる．日本では粘りのあるジャポニカ種が主流である．いずれの種も，**うるち種**と**もち種**があり，栄養価は変わらない．

ジャポニカ種のデンプン組成は，うるち米の場合**アミロース**が約20％，アミロペクチンが約80％であり，もち米は**アミロペクチン**が100％である．また，もち米はうるち米に比べて老化しにくい特徴をもつ．

c. うるち米の調理

(1) 白飯の炊飯　白飯の炊飯は，洗米・加水・浸漬・加熱・蒸らしの5つの操作から成り立っており，おいしい白飯に仕上げるにはこれらの調理操作のいずれもが重要となる（図6.2）．

①**洗米**：米表面に付着した糠やごみをとり除く．このとき，米重量の10％程度の水を吸収する．洗米は，糠臭を米に吸着させないためにもすばやく行う．近年では，あらかじめ企業が独自の方法で加工した**無洗米**も流通している．

②**加水**：一般的には，米重量の1.5倍もしくは米体積の1.2倍の水を加える．加水量は品種や貯蔵期間の違いによって異なり，収穫後間もない新米は水分含量が多いので米重量の1.3倍，古米であれば水分含量が少ないので1.6倍の水を加える．

③**浸漬**：デンプンを膨潤させるため行う．吸水速度は，水温が高いほど早い．

図6.2　米の炊飯過程

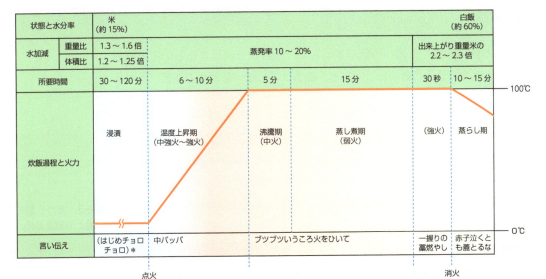

＊マイコンジャー炊飯器の場合，米を十分膨潤させるため行われる．

2時間ほどでうるち米の飽和吸水率(20〜25%)に達するが，初期の段階での吸水が顕著であるため浸漬時間は最低でも30分は確保する．飯に味をつける際には水で浸漬させてから調味する．

④**加熱**：デンプンを糊化するために必要な調理操作である．98℃以上を20分以上保つことが必須となる．加水したうち加熱過程において10〜20%の水が蒸発し出来上がり(白飯)重量は白米重量の2.2〜2.3倍となる．

⑤**蒸らし**：消火後，蓋を開けずに10〜15分静置する．この間に水蒸気が蒸発および一部が米に吸収され，白飯としての適度なテクスチャーを生み出す．また，蒸らし期が終えたら，ただちに全体を混ぜる．

(2) 粥の炊飯　粥は，うるち米の容量に対して5〜20倍になるよう加水して長時間加熱し，やわらかく炊き上げたものである．表6.1に示したように，加水量によって出来上がりは異なり，全粥，七分粥，五分粥，三分粥の順に米に対する水分量が高くなるためテクスチャーはやわらかく，重量あたりの栄養価は低くなる．

調理には行平などの専用器具が用いられる．長時間加熱するため焦げやすいが，調理中にかき混ぜると粘りが生じテクスチャーや風味が損なわれるので注意する．

表6.1　粥の種類

種類	米1カップに対する水の割合(mL)	粥の配合比 全粥	粥の配合比 重湯
全粥	1000	10	0
7分粥	1400	7	3
5分粥	2000	5	5
3分粥	4000	3	7

(3) 変わり飯の炊飯　米から調理するもの，白飯から調理するものに大別される．前者は炊き込みご飯やピラフなど，後者はすし飯や炒飯などがあげられる(表6.2)．

①**米から調理するもの**

・**炊き込みご飯**：米に食塩や醤油，清酒などを加えて具材とともに炊き上げたものである．これら調味料は，米の吸水を妨げるため必ず水で浸漬させることが

表6.2　変わり飯の加水量と油脂添加量

調理する米の形状	調理	炊飯時の加水量(%)	油脂量(%)
米	炊き込みご飯	150	—
米	ピラフ・パエリア	125〜130	(米に対して)7%
白飯	すし飯	130	—
白飯	炒飯	125	(飯に対して)7〜10%

重要である．塩味割合は，白飯重量に対して0.6～0.7%，米重量に対して1.5%，加水重量に対して1.0%が適当である．
- **ピラフ**：ピラフやパエリアなどは初めに米を油脂で炒める．それにより炊飯中の吸水を妨げることで粘りのない飯に仕上がる．

② 飯から調理するもの
- **すし飯**：飯を寿司酢で味付けしたものをさす．寿司酢を合わせるときは必ず飯が熱いうちに行うようにし，木杓子（きじゃくし）を立てるようにして飯粒をつぶさないように混ぜる．このときにうちわなどで風を送り冷ますことでつやよく仕上がる．
- **炒飯（チャーハン）**：飯を強火で炒めて調味する．このとき冷たい飯を用いるとパラリと仕上がる．

d. もち米の調理

もち米は，うるち米に比べて吸水性は高く約2時間で飽和吸水率30～40%に達する．したがって，炊飯すると自由水が少なく加熱中に上部の米が水の上に出てしまい均一に加熱することができない．そのため，もち米の加熱は蒸して加熱をする．

出来上がり重量は白米の1.6～1.9倍が最も好ましいとされており，浸漬による吸水量だけでは水分が不足なので**ふり水**を2～3回行う．

B. 穀類粉（米粉・小麦粉）

穀物を粉状にした粉類は麺類やパン，菓子などさまざまな加工食品の原料となる．

a. 米粉

米粉は，原料米を製粉したものである．うるち米，もち米とも米粉の原料として用いられ，主に和菓子の原料となる（表6.3）．

表6.3 米粉の種類と用途

米粉	原料	種類	用途
生	もち精白米	白玉粉	餅団子（ぎゅうひ），求肥，汁粉，大福餅など
		もち粉	最中（もなか），餅団子，汁，大福餅など
	うるち精白米	上新粉	団子，柏餅，草餅，ういろう，かるかん，饅頭（まんじゅう）など
糊化	もち精白米	寒梅粉	押菓子，豆菓子，糊用，重湯用など
		みじん粉	和菓子など
		道明寺粉	桜餅，おはぎ（ぼたもち）
		上南粉	玉あられ，桜餅，椿餅（つばき），おこし，天ぷら粉用など
	うるち精白米	みじん粉	和菓子など
		上南粉	和菓子など
		乳幼児粉	乳児食，重湯用など

b. 小麦粉

小麦はイネ科の植物で，世界三大穀物（米，小麦，トウモロコシ）のひとつとされる．小麦は外皮がかたいため粒ではなく製粉して利用される．

（1）小麦粉の種類　小麦粉の主成分は炭水化物で70〜76％を占めており，その多くがデンプンである．そのほかタンパク質が7〜14％含まれており，タンパク質が多い順に強力粉，中力粉，薄力粉と分類され，調理用途により使い分けされる（表6.4）．小麦粉の調理特性は主としてタンパク質含量に寄与する．粘性の性質をもつ**グリアジン**と弾性の性質をもつ**グルテニン**は，小麦特有のタンパク質であり約80％を占める．これらが引き合い，網目構造をつくり**グルテン**を形成する（図6.3）．

（2）小麦粉生地　生地は小麦粉に加える水の量によって，**ドウ**（dough）と**バッター**（batter）に分類される（表6.5）．

①**ドウ**：ドウは小麦粉に50〜60％の水を加えたもので，手でこねられる程度のかたさを保ち，物理的な刺激によってグルテニンとグリアジンが絡み合いグルテンを形成し，その網目構造のなかに膨潤したデンプンを抱えている．

　ドウの性状は，以下のように副材料の影響を受ける．

- **水**：水温が高くなるほどグルテンの形成がよくなるが，60℃以上になるとタンパク質が変性し形成は悪くなる．

表6.4　小麦粉の分類と用途

種類	タンパク質量(%)	グルテンの性質	原料小麦	粒度	用途
強力粉	11〜13	強靭	硬質小麦	粗い	パン，麺
中力粉	10〜11.5	強	中間小麦	やや細かい	うどん，そうめん，フランスパンなど
薄力粉	8〜10	軟弱	軟質小麦	細かい	菓子類，天ぷら粉
デュラムセモリナ	約12	柔軟	デュラム小麦	きわめて粗い	マカロニ，スパゲティ

図6.3　小麦タンパク質

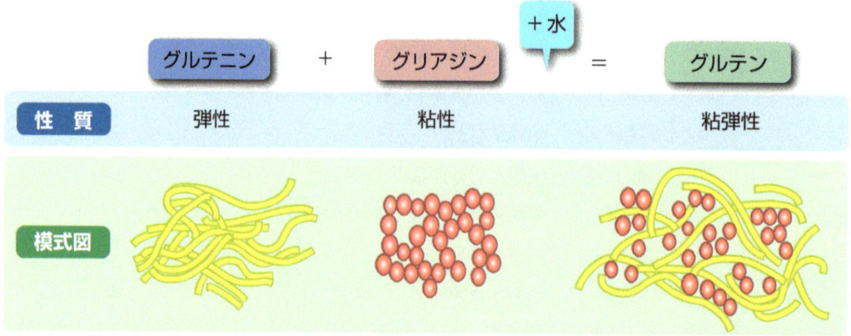

グルテニン ＋ グリアジン ＋水 ＝ グルテン

性質：弾性　粘性　粘弾性

表6.5 小麦粉生地の分類

生地の種類	小麦粉：水（重量比）	生地の状態	調理例
ドウ	1：0.5～0.6	生地に可塑性があり，手で丸められる．混捏可能	パン，麺など
ペースト	1：0.7～1未満	流れないが，手で丸めることは不可能	蒸しパン，シュー，クッキーなど
バッター	1：1～2.0	ゆっくりと広がるため，型に入れて焼成する	スポンジケーキ，ホットケーキなど
バッター	1：2.5～4.0	連なって流れる	クレープ，天ぷらの衣など

- **食塩**：食塩はグリアジンの粘性を増加させ，グルテンの網目構造を緻密にさせることでドウの粘弾性を高める．
- **砂糖**：小麦粉の30％以上の添加により，砂糖がグルテンを形成させる水を奪うためグルテンの形成を妨げる．クッキーなどの菓子を調製する際に，油脂類と砂糖を混合したなかに小麦粉を加えるのはこのためである．
- **油脂**：油脂はグルテンの形成を妨げるが，生地の伸展性を増加させなめらかな生地にする．
- **卵および牛乳**：卵黄や牛乳はエマルションを形成していることで材料を均一に分散させる．さらに，卵は焼成時の膨化と生地の安定化に寄与する．
- **アルカリ性剤**：かん水や重曹などのアルカリ性剤は，小麦粉中のフラボノイド色素を黄変させる．また，かん水は生地の食感改良剤として添加され，生地の粘弾性および伸展性を向上させる．

② **バッター**：バッターは，小麦粉に対して100％以上の水を加えた流動性のある生地である．添加物による生地の影響はドウと同様である．

かん水

かん水とは，炭酸カリウム，炭酸ナトリウム，炭酸水素ナトリウム，リン酸類のカリウム塩またはナトリウム塩のなかから1種類あるいは2種類以上含むものと定義されている．中華麺では小麦粉に対して1～1.5％使用され，麺の色や食感の変化以外にも独特な風味も生じる．

(3) 換水値 生地には水以外に牛乳や卵，砂糖，バターなどの副材料を加える．これらは，水と同様に生地をやわらかくする作用をもつことから，換水値を用いてその分だけ加水量を減らす必要がある．換水値は，水を1とした場合，牛乳0.9～1.0，卵0.8，砂糖0.4，バター0.7とする．

(4) 膨化性を利用した小麦粉の調理 小麦粉生地を膨化させることで，生地を多孔質にして食感が大きく変化する．膨化調理は，気泡の熱膨張や蒸気圧による物理的膨化，膨化剤による化学的膨化，酵母のガス発生による生物的膨化がある（表6.6）．

表6.6 膨化の原理

	膨張の原理	生地の性状	例
物理的膨張作用	気泡の熱膨張	卵白または全卵，ヤマイモなどを泡立てて気泡を混ぜ込んだ生地	スポンジ生地，スフレ生地，かるかんなど
		バターを泡立てて，気泡を混ぜ込んだ生地	バターケーキ，クッキーなど
	水分の気化（水蒸気の発生）	生地に大量の水を混ぜ込む	シュー生地 お菓子一般
		小麦粉生地にバターを層状に折り込む	折り込みパイ生地 デニッシュ生地など
		生地に圧力をかけて加熱し，急激に減圧させる	ポン菓子など（パフ加工）
化学的膨張作用	膨張剤によるガスの発生	膨張剤（重曹，ベーキングパウダー，イスパタなど）の添加	バターケーキ 饅頭など
生物的膨張作用	微生物によるガスの発生	酵母（イースト）を添加して生地を保温・発酵させる	パン生地，ピザ生地 中華饅頭など

[河田昌子，新版 お菓子「こつ」の科学, p.243, 柴田書店 (2012)]

(5) ルー (roux) の調理 小麦粉の粘性を用いて，スープやソース類に濃度をつける際には，生小麦粉を水に溶く，小麦粉を炒る，バターと練る（ブールマニエ），油で炒める（ルー）などの方法がある．

ルーは油脂1に対して小麦粉が1～1.5の割合で調製され，加熱温度や加熱時間の違いによりホワイトルー，ブラウンルーに分類される（表6.7）．150～160℃になると小麦デンプンのデキストリン化が生じルーの粘性は低下する．ルーはブイヨンや牛乳などでのばし，ソースやスープなどに用いられる．

表6.7 ルーの分類と用途

種類	色	加熱温度	加熱時間	用途
ホワイトルー	白色	120～130℃	7～10分	ベシャメルソース
	淡黄色	140～150℃	約10分	ブルテーソース
ブラウンルー	茶褐色	170～180℃	約15分	ブラウンソース

C. いも類

いも類は穀類と同様にデンプンを多く含み，一般的にはデンプンを地下茎または根に貯蔵している．国内の消費量は，ジャガイモが最も多く，次いでサツマイモ，サトイモ，ヤマノイモの順である．ジャガイモとサツマイモは，ビタミンCが多くデンプンによって保護されているため熱に対して安定的である．

いも類は約70〜80%が水分であるため長期保存は不可能であるが，水分が多いため加水しなくても糊化する性質をもつ．

a. ジャガイモ

ジャガイモは多くの品種が栽培されているが，加熱した後細胞分離を起こしやすくホクホクとした「**粉質いも**」と，煮崩れしにくい「**粘質いも**」の2つに大別される（図6.4）．これら食感の違いは，細胞壁構成多糖類の組成の違いによる．粉質いもであっても，新いもや未成熟いもでは，細胞内のデンプンの成熟が不十分であり，かつ水不溶性ペクチンが多いため煮崩れを起こしにくい．

(1) 変色　ジャガイモは，**チロシン**やクロロゲン酸などのポリフェノール物質が基質となり，チロシナーゼやそのほかポリフェノール酸化酵素が働くため，切って放置すると褐変する．そのため切断後はただちに水につけて空気を遮断する．また，フライなどの高温加熱を行った際は，**メイラード反応**（アミノカルボニル反応）による褐変化がみられる．

図6.4　ジャガイモの分類と細胞壁構成多糖類の組成

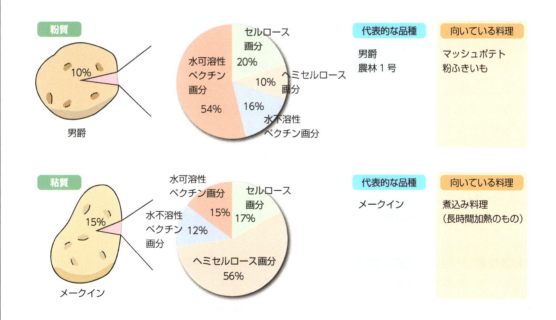

(2) **アルカロイド**　ジャガイモの緑化した外皮や芽には，グリコアルカロイドの**ソラニン**やチャコニンを含む．これらは加熱調理をしても熱分解されないため，必ず除去する必要がある．日本国内では，唯一ジャガイモの発芽を防ぐためにγ線照射が認められている．

(3) **ジャガイモの調理**　ジャガイモを含め，いも類は水から加熱することで内部と外部の温度差が少なく，表面の過加熱を防ぎ，煮崩れせず，均一に加熱することができる．ジャガイモをつぶしてマッシュポテトをつくる際には，熱いうちに行う．これは温度が高いとペクチンに流動性があるため物理的損傷が少ないため，細胞内からデンプンが流れ出ることなくホクホクとしたマッシュポテトに仕上げることができる．

b．サツマイモ

サツマイモは，他のいも類に比べて甘味があり，菓子類への利用も多い．種類によってさまざまな色素が含まれ，カロテノイドやアントシアニン色素をもつ．

(1) **変色**

①**酸化による変色**：サツマイモを切ると白い乳液がみられ，これは**ヤラピン**であり空気に触れることで黒変し水不溶性となる．このほかに**クロロゲン酸**などのポリフェノール物質がポリフェノール酸化酵素により酸化され褐変を引き起こす．このクロロゲン酸はアルカリ性下で緑色に変色する．

②**発色・着色による変色**：サツマイモは黄色や赤紫色の色素のほかに，フラボノイド色素を含むため，ミョウバンを加えて加熱するとアルミニウムイオンにより，きんとんなどの煮崩れを防ぐ以外に色よく仕上げることができる．また，クチナシの実を利用して着色するとよい．

(2) **甘味の変化**　サツマイモの甘味は主にスクロースであるが，**β-アミラーゼ**をもつため加熱中に糊化デンプンに作用して**マルトース**を生成する．サツマイモのβ-アミラーゼは50〜55℃で最も活性が高く70℃程度まで反応を続けるため，デンプンが糊化する65℃付近の温度帯を長くすることでマルトースの生成は高くなる．そのため，電子レンジで急速に加熱するよりも蒸したりオーブンで緩慢に加熱するほうが甘味は強くなる(図6.5)．

c．サトイモ

サトイモは，タロイモの仲間で多くの種類がある．茎の太ったものであり，親芋を食べる品種(八つ頭，京いも，セレベスなど)，子いもを食べる品種(石川早生，土垂など)，それら両者を食べる品種(赤芽など)があり，葉柄(ズイキ)を食用とする品種もある(図6.6)．

(1) **粘質物質**　サトイモは，特有の粘質物をもっており，多糖類の**ガラクタン**である．この物質は，煮汁の粘度を高め，ふきこぼれの原因となり調味料の浸透を妨げる．これらを防ぐには下ゆで(沸騰後2分ほど加熱)する，塩でもむ，また

図 6.5 サツマイモの内部温度と糖度の比較

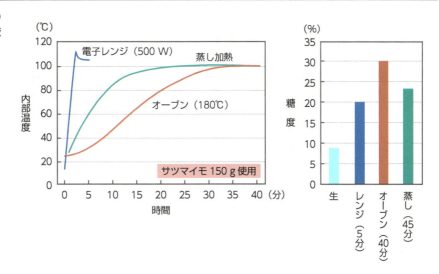

[四十九院成子, ネオエスカ調理学 (渋川祥子・畑井朝子 編), p.186, 同文書院 (2006)]

はゆで汁に食塩, 食酢, ミョウバンを加えるとよい.

(2) えぐ味成分　　えぐ味成分は, シュウ酸カルシウムとホモゲンチジン酸といわれている. シュウ酸カルシウムは針状結晶の状態で存在し, サトイモの皮をむくときに手がかゆくなる原因となる. これは酸や加熱により刺激がなくなる.

図 6.6 サトイモの球根

[野菜の育て方.com]

d. ヤマノイモ

　ヤマノイモはヤマイモ（山芋）ともいわれ, 長芋, 自然薯, いちょういも, つくねいもなどがある. 細胞組織がやわらかく, デンプンを多く含むが生で食すことのできる食品である. 粘りの成分は多糖類のマンナンとタンパク質が結合した糖タンパク質である. すりおろすことで粘性が増し, 饅頭などの膨化剤としても用いられる.

ヤマノイモには**チロシン**が多量に含まれていることから，チロシナーゼの作用により酸化されメラニンが生じ，褐変が起こる．

e. コンニャクイモ

こんにゃくの原料となるいもである．コンニャクイモの**グルコマンナン**という多糖類が，アルカリ性（水酸化カルシウムや灰汁）で，加熱すると固まる性質を利用してこんにゃくがつくられる．一般的にこんにゃくを調理する際は，塩でもむ，下ゆでをすると独特の臭みが抜け，味もしみ込みやすくなる．

D. 豆類

豆類は，熟度や成分の違いによって調理方法が異なる．水分含量が高いエダマメやソラマメ，サヤインゲンなどは野菜として摂取されビタミン類も多い．一方，成熟した豆を乾燥させた完熟豆は，貯蔵性に優れ，吸水して調理される．

a. 完熟豆

完熟乾燥豆の水分含量は約15%であり，豆によりデンプンやタンパク質，脂質含量が異なる．主な食用部の子葉組織は乾燥状態ではかたく，そのままでは煮熟が困難なため一般的に吸水させたものを用いる．豆の種類や品種により吸水速度は異なるが，小豆以外の豆類は7時間ほどで飽和吸水率に達する（図6.7）．小豆は他の豆類と異なり種皮から吸水を行わず，種瘤（珠孔の小さな穴）から少しずつ吸水するため吸水が非常に遅い．このため小豆はしばしば水浸漬させずに直接加熱調理される．

(1) 大豆 大豆は乾燥重量あたり40%前後のタンパク質を含むため「畑の肉」と

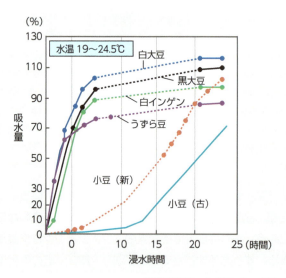

図 6.7 豆類の吸水時変化

[松井文子ほか，食べ物と水，p.221，家政教育社（1988）]

もいわれる．日本国内では，豆腐や納豆，味噌や醤油などの発酵調味料や，さまざまな大豆加工品を食しており，日本人の重要なタンパク質源である．しかし，海外では収穫されたほとんどが搾油の原料として使用され，その搾りかすが家畜の飼料として消費されている．

①**大豆の煮熟**：大豆を浸漬させる際に水に食塩や炭酸水素ナトリウムを添加することでやわらかく煮熟することができる．大豆の塩可溶性タンパク質である**グリシニン**が溶解し，子葉が膨潤しやすくなる．また，炭酸水素ナトリウムなどを添加しアルカリ性にすると煮熟は促進されるが，ビタミンB_1の分解が起こる．

　黒豆を煮るときには，鉄鍋を使用する．錆びた鉄釘を入れておくことで種皮のアントシアニン色素（**クリサンテミン**）が鉄イオンと錯塩をつくり，美しい黒色に仕上がる．

②**豆腐**：大豆を吸水させ大豆をすりつぶしてから加熱し，搾りとった豆乳に塩化マグネシウムや硫酸カルシウムなどの凝固剤を添加し固めたものが豆腐である．近年は，グルコノデルタラクトンの利用も増えている．

　豆腐を凍結し乾燥させた凍り豆腐（高野豆腐）はスポンジ状の構造をしており，キセロゲルに分類される．水分は少ないが，表面積が大きく劣化しやすいので長期保存には向かない．

(2) 小豆　　小豆は，日本最古の書籍「古事記」にも記録されており，大豆と同様に日本人に親しみ深い作物といえる．小豆の粒形などにより粒の大きい大納言小豆と普通小豆に大別される．小豆は大豆と異なりデンプンが多く，タンパク質が少ない豆類である．赤飯に利用したり，砂糖を加えてインゲンマメと同様に餡の原料とされる．

　小豆の種皮は赤色を呈しているものが一般に多く流通しており，そのほか種皮色が黒や緑，透明の白小豆などがある．種皮色が赤い小豆の色素成分はアントシアン系色素である．

①**渋切り**：種皮には，不味成分であり煮熟後の小豆の色を損ねるサポニンやタン

キセロゲル

ゲルが乾燥したものをキセロゲルという．水を膨脹するヒドロゲルおよび有機溶媒を膨潤するオルガノゲルから溶媒を除去（乾燥）することでキセロゲルとなり，スポンジ状の構造をもつ．たとえば，棒寒天，凍り豆腐，シリカゲル（乾燥剤）がある．

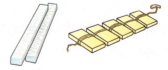

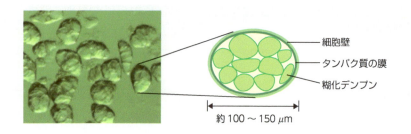

図 6.8 餡粒子の顕微鏡写真および模式図

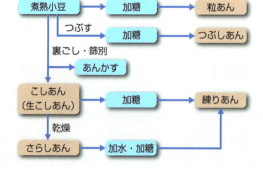

図 6.9 餡の製造工程と種類

ニンなども含まれる．そのため，小豆を煮ている途中でゆで水を捨てて，新しい水と交換する操作（渋切り）が行われる．渋切りの回数によって餡の色や風味が異なる．

②**餡**：小豆のタンパク質は，生細胞では顆粒状に存在するが加熱することで熱凝固して糊化デンプンを包み込み，細胞壁の外へデンプンが流出することを防ぐ．これを**餡粒子**という（図6.8）．小豆の品種によっても異なるが，餡粒子は約100～150 μmであり，この大きさが餡のテクスチャーに関与するといわれている．

　餡の種類は図6.9のように大別される．

b．未熟豆

　未成熟な豆を収穫して野菜として摂取し，日本食品標準成分表2020年版（八訂）においても"野菜類"に分類されている．大豆の未成熟豆であるエダマメやソラマメ，サヤインゲン，サヤエンドウなどがある．

E. 種実類

　種実類は，ゴマ，マツの実など種子を食する種子類と，アーモンド，クルミ，クリ，ギンナンなど外果皮のかたい堅果類に分類される．成分は，ゴマ，アーモンド，クルミのようにタンパク質や脂質の多いものと，クリやギンナンのように炭水化物が多いものがある（表6.8）．種類により，ビタミンB_1，ビタミンE，カル

表6.8 主な種実類の成分

種実名	脂質(g)[*1]	炭水化物(g)[*2]
ゴマ(いり)	51.6	9.3
アーモンド(いり)	54.2	5.6
クルミ(いり)	70.5	2.6
クリ	0.4	30.6
ギンナン	1.3	33.9

*1 脂肪酸のトリアシルグリセロール当量,*2 利用可能炭水化物. (可食部100g当たり)
[日本食品標準成分表2020年版(八訂)]

シウム,カリウム,鉄などを豊富に含む.

ゴマは外皮の色で黒ごま,白ごま,金ごまなどの種類が,形態や処理の方法によって洗いごま,いりごま,すりごま,練りごまなどの種類がある.ゴマに含まれる脂質は約50%で,圧搾するとごま油が得られる.ゴマをいってからすると,ピラジン類が生成され,その香りがごま和えなどの料理にいかされている.

アーモンド,クルミ,カシューナッツなどのナッツ類は,乾燥させた後,油脂で揚げたり,砂糖や塩で味をつけた加工をするほか,製菓材料などとして利用される.

F. 野菜類

a. 野菜の種類と特性

野菜とは,食用として利用される草本植物のことをいい,食用部位により,葉菜類,茎菜類,根菜類,果菜類,花菜類に分類される(表6.9).

日常的に副菜として利用され,生食およびさまざまな加熱調理方法が用いられる.種類が豊富で,色,味,香り,テクスチャーなどの特性も多種多様であり,食卓に彩りを添え,食欲を増進する.

それぞれの野菜が食べ頃を迎える時期を旬といい,おいしく,栄養価も高いとされてきた.しかし近年では,品種改良や栽培技術の進歩により,旬ではなくても味や栄養価の良好な野菜が増えている.

野菜類はビタミン類の主要な供給源であり,そのほか,カリウム,カルシウム,マグネシウム,鉄などのミネラルや食物繊維も多く含まれている.可食部100g

表6.9 食用部位による野菜の分類

分類(食用部位)	野菜名
葉菜類(葉)	ハクサイ,キャベツ,レタス,コマツナ,ホウレンソウ
茎菜類(茎)	タマネギ,ネギ,アスパラガス,タケノコ,フキ
根菜類(根)	ダイコン,カブ,ニンジン,ゴボウ,レンコン
果菜類(実または種実)	カボチャ,キュウリ,トマト,ナス,ピーマン,オクラ
花菜類(花弁,花托)	ブロッコリー,カリフラワー

当たりカロテン含量が600 μg以上の野菜と，カロテン含量が600 μg未満であっても摂取量，頻度を考慮したうえでトマトやピーマンなどの一部の野菜を含めた野菜は緑黄色野菜と分類されている．緑黄色野菜のカロテン含量を表6.10に示す．

b. 野菜類の調理性

(1) 色 野菜に含まれる色素の種類は多く，保蔵や調理の過程で変化する．効果的にとり入れることで，料理に彩りを添え，食欲に影響を与える．主な野菜中の色素の種類と性質，調理による色の変化を表6.11に示す．

表6.10 主な緑黄色野菜とカロテン含量

野菜名	カロテン含量* (μg)	野菜名	カロテン含量* (μg)
アサツキ	750	ニラ	3500
サヤインゲン	590	ニンジン	8600
サヤエンドウ	560	ネギ(葉ねぎ)	1500
オクラ	520	ピーマン	400
カボチャ	2600	赤ピーマン	1100
シソ	11000	ブロッコリー	900
ダイコン(葉)	3900	ホウレンソウ	4200
チンゲンサイ	2000	ミズナ	1300
トマト	540	サニーレタス	2000

*β カロテン当量とする．
（可食部100 g当たり）
［日本食品標準成分表2020年版（八訂）］

表6.11 野菜類に含まれる主な色素と色の変化

	色素の種類		主な色素と含有食品	主な性質と色の変化
脂溶性	クロロフィル		クロロフィル a / クロロフィル b / …緑黄色野菜（a：b = 3：1）	緑色を呈する色素 ・酸性…黄褐色 ・アルカリ…鮮緑色 ・加熱過多…黄褐色
	カロテノイド	カロテン	α-カロテン…ニンジン，カボチャ / β-カロテン…緑黄色野菜 / リコピン…トマト	黄色〜赤色を呈する色素 ・酸，アルカリ，熱に対して安定しており，通常の調理操作では変色しにくい
		キサントフィル	ルテイン…緑黄色野菜 / クリプトキサンチン…トウモロコシ	主に黄橙色〜赤色を呈する色素
水溶性	フラボノイド	フラボノイド	ケルセチン…タマネギの外皮，ホウレンソウ / ルチン…トマト，アスパラガス	無色〜白，黄色を呈する色素 ・酸性…白 ・アルカリ性…黄色
		アントシアニン	ナスニン…ナス / シソニン…赤シソ	赤紫色を呈する色素 ・酸性…赤色 ・アルカリ性…青〜緑

①**クロロフィル**：コマツナ，ホウレンソウなどの緑色の野菜に含まれる．高温，短時間の加熱で緑色は鮮やかになる．ゆでる際にはゆで水に食塩を加えることで緑色が安定する．一方で，加熱過多や食酢などの酸の影響で褐色に変化する．

②**カロテノイド**：黄色，赤色の色素で，ニンジン，カボチャなどの緑黄色野菜に，クロロフィルとともに含まれている．カロテノイドは，酸やアルカリ，熱に対して安定しており，通常の調理操作では変色しにくい．緑黄色野菜の鮮度が低下すると，クロロフィルが分解し，カロテノイドの色が現れ，黄色くなる．

③**フラボノイド**：無色から淡黄色の色素で，タマネギやレンコン，ゴボウなどに含まれる．酸性では無色か白色であるため，レンコン，ゴボウ，カリフラワーを白く仕上げるためには，ゆで水に食酢を添加するとよい．

④**アントシアニン**：ナスや赤ジソ，紫キャベツに含まれ，酸性で赤色，中性で紫色，アルカリ性で青色や緑色を呈する．梅干しが赤くなるのは，赤ジソに含まれるアントシアニンがウメから溶出した酸によって赤く変化するからである．金属イオン（Fe^{2+}，Al^{3+}など）と錯塩を形成して安定するため，黒豆を煮るときに鉄鍋を使用したり，古釘(ふるくぎ)を入れることで深い黒色に仕上がる．

(2) **香り** 野菜にはそれぞれ特有の香りがあり，成分としてアルコール類，エステル類，含硫化合物などがある．特に香りの強いものは香辛料や香味野菜として用いられ，風味を出すだけではなく，肉や魚のにおいのマスキング，食欲増進，抗菌，季節感の演出などの効果がある．日本料理ではシソ，ショウガ，ミョウガ，ネギ，ワサビなどを刺身のつまとして添えたり，吸い口，天盛として利用する．西洋料理ではタマネギ，ニンジン，パセリ，セロリなどをスープストックや煮込み料理に使用する．中国料理ではネギやショウガを肉や魚のにおい消しとして利用する．

(3) **味** 野菜は淡白な味わいのものが多いが，呈味物質には**糖**や**有機酸**，**アミノ酸**，**核酸**などがある．

野菜の辛味成分には，ショウガの**ジンゲロン**や，ダイコン，ワサビに含まれる**アリルイソチオシアネート**，トウガラシの**カプサイシン**などがある．これらの辛味成分は，細胞内では前駆体で存在しており，すりおろしたり，撹拌したりすることにより酵素のはたらきで辛味を生じる．

また，**あく**といわれる苦味，渋味，えぐ味などの不味成分を含むことが多い．あくの成分の多くは水溶性であるため，水に浸漬させたり，酢や重曹，米糠(ぬか)を入れた湯でゆでることで除去できる（表6.12）．

(4) **生食調理** 野菜の細胞は細胞壁に包まれており，独特の歯ごたえがある．サラダ，付け合わせの千切り野菜など，野菜を生食する際にはその風味と食感をいかし，口に入れたときに好ましいテクスチャーとなるように調理操作を行う．根菜類などのかたい野菜は繊維に直角に薄くまたは細く切り，葉菜類などのやわ

表6.12 あくの成分と除去方法

	あくの成分	主な食品	除去方法
苦味	タンニン，サポニン，アルカロイド，配糖体，ナリンギン，テルペン類	フキノトウ，クワイ，キュウリ，かんきつ類，コーヒー，茶	フキノトウはアルカリ性溶液（灰，重曹）でゆでる．
渋味	タンニン類，アルデヒド，金属類	カキ，クリ，未熟な果実類	カキは焼酎を噴霧して密封し，タンニンを不溶化させる．
えぐ味	ホモゲンチジン酸，シュウ酸，シュウ酸塩類，配糖体，無機塩類	タケノコ，ワラビ，ゼンマイ，ホウレンソウ，シュンギク	タケノコは米糠または米のとぎ汁を入れてゆでる 山菜類はアルカリ性溶液（灰，重曹）でゆでる 青菜類は熱湯でゆでて水さらしをする

らかい野菜は口に入れやすい大きさに切る．また，千切り野菜は，繊維に沿って切ると歯ごたえが残り，繊維を断ち切る向きに切るとやわらかく感じられる．

生野菜を冷水につけると水分が細胞内に浸透して細胞が膨らみ，パリッとした歯ざわりとなる．一方で生野菜に塩をふったり，濃い調味液につけると，細胞が脱水されてしんなりとする．なますを調理する際，前処理で野菜を塩もみするのは，細胞外に水分を出すことで調味液の浸透をよくさせるためである．

（5）加熱調理　野菜はゆでる，煮る，焼く，炒める，揚げるなど，さまざまな方法により加熱調理される．その目的には，組織の軟化，あくの除去，調味料の浸透，殺菌，酵素の失活，デンプンの糊化などがある．

加熱により細胞壁中のペクチンが分解し，やわらかくなる．また，細胞の半透性がなくなるため，調味料が浸透しやすくなる．しかし，野菜の重量や栄養成分が変化する．

G.　果実類

a.　果実類の種類と特性

果実は，一般に木本植物から収穫されるものをいうが，草本植物であるイチゴ，メロン，スイカなども果実類に分類される．

果実の起源は古く，世界各地で多種類の果実が食されてきた．酸味が強く，その甘酸っぱい果肉の味と風味を楽しむものが多かったが，近年，品種や栽培技術の改良が重ねられ，糖度の高い甘いものが増えるなど，時代に合わせて変化している．

また，気候の違いにより，日本では栽培が定着しなかった熱帯果実も，近年は東南アジア地域などから多種多様なものが輸入されるようになり，さらに国内で栽培される品種も増え，私たちの身近なものとなっている．

果実は野菜に比べて嗜好品的性質が強く，その色，香り，風味をいかして生食されることが多い．水分が80～90％を占め，次いで炭水化物が多く含まれる．ビタミンCの主な給源となっているほか，カリウムや食物繊維の給源としての役

割も大きい．

(1) 色 　果実類の色は，熟度や鮮度の指標となり，外観の嗜好性にも影響を与える．

　果実類に含まれる色素は，一般に未熟なうちはクロロフィルが多く緑色を呈し，成熟とともに**カロテノイド**，**アントシアニン**が増える．かんきつ類の黄橙色は主にカロテノイドの**β-クリプトキサンチン**による．

(2) 香り 　果実類の香りは，主にエステル類，テルペン類などで，成熟の程度によって含量が異なり，それぞれの香りを特徴づけている．主な香り成分としては，バナナの酢酸イソアミル，かんきつ類のリモネンなどがある．

(3) 味 　果実類の主な甘味成分は，**ブドウ糖**，**果糖**，**ショ糖**である．果糖は冷やすと甘味が増すため，果糖の多く含まれるリンゴ，ナシ，スイカなどは食べる前に冷やすと甘味がよりいっそう強く感じられる．酸味成分は**クエン酸**，**リンゴ酸**，**酒石酸**などの有機酸であり，これらの甘味と酸味の比率は，成熟と保存の過程で変化し，果物のおいしさに影響する．また，グレープフルーツの苦味はフラボノイド類のナリンギン，カキの渋味はポリフェノール類のタンニンによるものである．

b．果実類の調理特性

(1) 生食調理 　果実類はみずみずしさ，色，香りをいかしてサラダ，和え物，ジュースにしたり，かんきつ類の果汁を料理の風味づけに利用するなど生食されることが多い．

　リンゴ，バナナ，モモなどは皮をむいたり，切ったりすることで空気に触れると**ポリフェノールオキシダーゼ**の影響でポリフェノールが酸化され褐変する．食塩や酢の水溶液に浸すか，切り口にレモン汁をかけることで酵素の作用を抑え，褐変を防ぐことができる．

　キウイフルーツ，パイナップル，イチジク，マンゴーなどは**タンパク質分解酵素**を含むため，ゼラチンゼリーにこれらを生のまま使用すると，ゼラチンのタンパク質が分解され，凝固を妨げる．これを防ぐため，加熱をして酵素を失活させてから使用するか，凝固剤として寒天を用いるとよい．また，これらの果物を肉料理の下味として用いると，タンパク質分解酵素のはたらきで肉がやわらかくなる．

　生のまま乾燥させ，ドライフルーツにすると，味が濃縮され，保存性が高まる．

(2) 加熱調理 　果実類の加熱調理には，ジャム，コンポート，ソテー，ソース，揚げ物などがある．加熱をすることで組織が軟化し，テクスチャーが変化する．

　果実に含まれる高メトキシルペクチンは，糖，酸とともに加熱後，冷却するとゲル化するため，ジャムやマーマレードに加工することができる．果実ジャムの加工に適した条件を表6.13に，主な果実中のペクチン含量を表6.14に示す．

表6.13 果実ジャムの加工に適した条件

	出来上がり量に対する割合
ペクチン	0.5～1%
糖	60～65%
クエン酸	0.3～0.5%
pH	3前後

表6.14 主な果実中のペクチン含量

果実の種類	ペクチン含量(%)
アプリコット	0.7～1.3
イチゴ	0.6～0.7
グレープフルーツ	3.3～4.5
サクランボ	0.2～0.5
ナシ	0.5～0.7
バナナ	0.7～1.2
ブドウ	0.2～1.0
モモ	0.6～0.9
リンゴ	0.5～1.6
レモン	3.0～4.0

［真部孝明：ペクチン，p.7，幸書房（2001）］

H. 海藻類

a. 海藻類の種類と特性

海藻類は，色によって緑藻類（アオノリ，カワノリ），褐藻類（コンブ，ワカメ，ヒジキ，モズク）および紅藻類（アマノリ，テングサ，トサカノリ）に分類される．モズク，トサカノリのように生食するもの，コンブやワカメ，ヒジキのように乾燥し，水戻しして使用するもの，アオノリ，アマノリのように乾燥品のまま使用するものがあり，その特有の色や風味，食感を料理に利用する．

カルシウム，鉄などのミネラルやビタミン類，食物繊維などを豊富に含む．

コンブやワカメの独特の粘性は，アルギン酸やフコイダンによるものである．

b. 海藻類の調理性

（1）アオノリ 乾燥して用いられる．独特の香りをいかして薬味，ふりかけ，お好み焼きなどに利用される．

（2）コンブ 国内生産量の80％以上が北海道で収穫され，一般に乾燥品が市販されている．日本料理のだしをとるために利用されるほか，とろろ昆布，昆布巻き，塩こんぶなどに加工される．昆布の種類と産地を図6.10に，性質，用途を表6.15に示す．コンブのうま味成分はグルタミン酸が中心で，そのほかにアスパラギン酸などが含まれる．

図 6.10 北海道の主な昆布の産地

表 6.15 昆布の種類と性質・用途

	性質・用途
真昆布	厚みがあり，幅が広い．風味のよさとだしの清澄さが特徴で，高級だしや加工品に用いられる．
利尻昆布	真昆布に比べやややかたい．透明で塩味のきいた濃厚なだしがとれ，吸い物に利用される．
長昆布	6～15 m と長く，生産量は最も多い．早く煮上がり，煮くずれしにくいので，昆布巻やおでんに利用される．
日高昆布（三石昆布）	やわらかく，煮えやすい．味もよく，一般家庭向きだし昆布としても利用される．
羅臼昆布	濃厚で，味わいの深いだしがとれるため，主にだし昆布として使われる．ほかにおやつ昆布や佃煮などに用いられる．
細目昆布	幅が細く，粘りが強い．とろろ昆布，刻み昆布などに利用される．

(3) **ワカメ**　生以外に乾燥，塩蔵などがあり，酢の物，和え物，サラダ，汁物などに利用される．乾燥わかめは水で戻すと，重量が10～12倍に，塩蔵わかめは約1.5倍になる．

(4) **ヒジキ**　カルシウムを多く含む．茎の部分だけにしたものを長ヒジキといい，芽や茎以外の部分のみにしたものを芽ヒジキ，米ヒジキという．乾燥品を水で戻すと5～10倍になり，煮物，炒め物，和え物，サラダなどに利用される．

(5) **アマノリ**　一般にアマノリを細かく刻んですき，乾燥したものを干しのりという．焼きのり，味付けのりとして利用する．干しのりは使用直前に火であぶると，独特の香りがたち，色が青緑色に変化する．

I.　きのこ類

a. きのこ類の種類と特性

きのことは菌類の子実体である．秋に収穫するものが多く，秋の味覚とされてきたが，現在では多くの種類が人工栽培されており，シイタケ，エノキタケ，シメジ，マイタケ，ナメコ，ヒラタケ，エリンギ，キクラゲ，マッシュルームなどは一年を通じて市場に出回っている．

シイタケ，キクラゲは乾燥品，マッシュルームやフクロタケ，トリュフは缶詰でも市販されている．

生のきのこは低エネルギー食品として利用されている．食物繊維，ビタミンB_1，ビタミンB_2，ビタミンDなどを含む．

b. きのこ類の調理性

独特の味，香り，食感をいかすため，それぞれの特徴に応じて調理をする必要がある．

（1）シイタケ

①生シイタケ：かさが肉厚で大きく，七，八分程度開いたものが良品とされ，焼き物，煮物，炒め物，揚げ物，汁物に利用される．

②干ししいたけ：シイタケを干すことでうま味と香りが濃厚になる．またシイタケに含まれているエルゴステロールが紫外線によってビタミンDに変化するため栄養価が高くなる．肉厚であまりかさが開かないうちに採取した冬菇（どんこ）と，かさが開き，肉薄の香信（こうしん）がある．うま味成分は，主に**5′-グアニル酸**であり，水戻し，加熱の調理過程で生成する．できるだけ低温で長い時間をかけて水戻しするとうま味が多く，苦味が少なくなるとされ，水温5℃で5〜10時間程度で好ましい膨潤になる．水戻ししたのち，煮物，スープ，炊き込みご飯などに用いられる．

（2）シメジ　「香りまつたけ味しめじ」といわれるように，古くから味がよいとされ，うま味成分は主に**グルタミン酸**と**アスパラギン酸**である．煮物，炒め物，揚げ物に利用される．

（3）キクラゲ　一般に乾燥品が市販され，白きくらげ，黒きくらげがある．コリコリとした食感をいかすため，水戻しして炒め物や和え物に利用する．白きくらげはデザートとして利用される．

（4）マッシュルーム　西洋料理では，煮込み，スープ，ソテー，サラダなど多くの料理に用いられる．酸化酵素の活性が強く，褐変しやすいため，できるだけ手早く調理する．生で食べることができる．

6.2　動物性食品の調理による変化を知ろう

動物性食品は，タンパク質と脂質を比較的多く含んでおり，タンパク質は必須アミノ酸のバランスもよく，栄養価も高い．また，ビタミン，無機質のよい供給源でもある．そこで，調理操作によるタンパク質のさまざまな変化を知り，その特性をいかして，栄養価や嗜好性を向上させることが重要である．

A. 獣鳥肉類

a. 種類と特性

　食肉として日本で一般的に流通しているものは，家畜，家禽として食用に肥育したもので，牛，豚，鶏，羊などがあるが，ほかに，馬，猪，鴨，七面鳥などもある．また，野生の動物を狩猟し，食用に利用するものを野禽（ジビエ）という．食用される部位は主に動物の筋肉（骨格筋）であるが，ほかにも消化管や心臓といった内臓（モツ），舌（タン），尾（テール）などもある．食肉の品質は，動物の種類，品種，年齢，飼育法などによって異なり，また筋肉の部位によって，タンパク質や脂肪の組成，含有量などに相違があり，肉のかたさ，色，味などが異なるので，適した調理法も異なる．

b. 食肉の構造と成分

(1) 構造　食用にされる肉は骨格筋であり，骨格筋の基本単位は筋線維である（図6.11）．筋線維は細長く巨大な細胞で，内部には数千本の筋原線維が走っており，**ミオシン**を主成分とする太いフィラメントと**アクチン**（筋原線維タンパク質）を主成分とする細いフィラメントが組み合わさっている．筋原線維の間は筋漿と呼ばれる細胞液（筋形質タンパク質）で満たされており，多種類の酵素や色素（ミオグロビン），グリコーゲンや肉のうまみに関係するアミノ酸やペプチドなどの微量成分，脂質が存在する．筋線維は筋内膜で，筋線維が50〜150本ずつ薄い膜（筋周膜）で覆われて筋線維束を形成する．この筋線維束がさらに束ねられ，特定の筋肉となる．筋内膜や筋周膜は，主としてコラーゲン線維（肉基質タンパク質）からなる結合組織で形成され，筋肉の構造を保持する役割を果たしている．これらの筋膜には脂肪細胞が存在し，多数集まって脂肪組織が形成される．筋線維束間と筋細胞間に均等にきめ細かく脂肪組織が分布した肉は「霜降り肉」となり，肉質がや

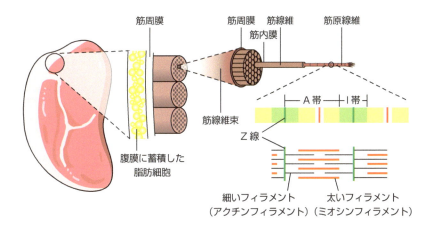

図6.11　食肉の構造

わらかい．

(2) 成分 食肉を構成している主な成分は，タンパク質約20%，脂質5〜30%，水分50〜75%であり，その他微量の無機成分を含んでいる．タンパク質を構成するアミノ酸の種類と量で評価する**アミノ酸価**はおおむね100で良質なタンパク質といわれている．

筋肉組織のタンパク質は，筋原線維タンパク質，筋形質タンパク質，肉基質タンパク質から構成されている．表6.16に筋肉のタンパク質の種類と特性を示す．

これらタンパク質の質と含有量の違いが食肉のかたさや色などに大きく影響を及ぼしている．結合組織の主成分である肉基質タンパク質が多いほど肉質はかたくなり，水溶性の筋形質タンパク質が多くなるとやわらかくなる．また，肉基質タンパク質の主成分であるコラーゲン繊維は，動物の加齢や運動によって分子間に架橋結合が形成されるため強靭になる．そのため，肉基質タンパク質を多く含む動物や，よく運動する部位の肉，高齢の動物の肉は一般にかたい．たとえば，牛の肩やもも，すねは肉基質タンパク質が多いためかたく，ヒレ，ロースなどは筋原線維タンパク質が多いのでやわらかい．

脂質の含有量は動物の種類や年齢，食肉の部位により大きく異なり，脂質を構成する脂肪酸の種類も異なる．食肉の脂肪酸はオレイン酸が最も多く，その他パルミチン酸，ステアリン酸，リノール酸などがある（表6.17）．パルミチン酸などの飽和脂肪酸を比較的に多く含む牛脂や羊脂は融点が高く，不飽和脂肪酸を多く含む豚脂や鶏脂などは比較的融点が低いが，獣鳥肉類の脂質は常温では固体なの

表6.16 食肉タンパク質の種類および性質

組織	種類（全タンパク質中%）	タンパク質の種類	名称	特徴
筋原線維	筋原線維タンパク質（60%）	グロブリン	ミオシン アクチン トロポミオシン	線維状（アクチンは球状） 水に難溶，食塩水に可溶 45〜52℃で凝固 アクトミオシンを形成 筋肉の収縮と弛緩に関与
筋漿	筋形質タンパク質（30%）	アルブミン	ミオゲン ミオグロビン ミオアルブミン ヘモグロビン	球状 水，食塩水に可溶 56〜62℃で凝固 肉の死後変化，肉色に関係 種の解糖系酵素を含む
結合組織	肉基質タンパク質（10%）	硬タンパク質	コラーゲン	規則性三重らせん構造 水に難溶，60℃以上で凝固 加熱により収縮，長時間の水中加熱でゼラチン化 肉のかたさに影響
			エラスチン	網目構造のゴム状 加熱しても不溶

［藤沢和恵・南廣子 編著，現代調理学，p.90，医歯薬出版（2001）］

表6.17 食肉の脂肪酸組成と融点

	脂肪酸	牛	豚	羊	鶏
飽和脂肪酸	ラウリン酸（12：0）	0〜0.1	0〜0.1	0〜0.1	0
	ミリスチン酸（14：0）	0.1〜2.7	0〜1.1	0.1〜0.9	0〜0.2
	パルミチン酸（16：0）	0.6〜18.0	0.3〜20.0	1.0〜5.2	0.2〜4.3
	ステアリン酸（18：0）	0.4〜14.0	0.2〜12.0	0.9〜5.2	0〜1.1
不飽和脂肪酸	オレイン酸（18：1）	0.9〜41.0	0.5〜33.0	1.7〜8.9	0.3〜7.8
	リノール酸（18：2）	0.1〜2.6	0.2〜8.4	0.2〜0.5	0.2〜2.5
	α-リノレン酸（18：3）	0〜0.4	0〜0.4	0.1〜0.3	0〜0.2
	アラキドン酸（20：4）	0〜0.1	0〜0.2	0	0〜0.1
脂肪の融点（℃）		40〜50	33〜46	44〜55	30〜32

注：可食部 100 g 当たりの各脂肪酸量（g）．
　　脂肪酸の記号については炭素数：二重結合数で表記．
　　脂肪酸組成と融点は相関関係があり，不飽和脂肪酸が多くなると低くなる．

[日本食品標準成分表 2020 年版（八訂）脂肪酸成分表編]

で，加熱して溶融している間に食すほうがおいしい．したがって，牛肉の冷製料理などには，脂肪の少ない部位を利用し，脂肪の多い部位は加熱料理に用いる．

そのほかの成分では，ビタミン類，無機質が豊富に含まれており，特にビタミンB_1，マグネシウム，亜鉛などの供給源として重要である．鉄分は**ミオグロビン**（肉色素），**ヘモグロビン**（血色素）に多く含まれている．また，肉のうまみにかかわる成分として，イノシン酸などの核酸関連化合物やペプチド，アミノ酸などがある．

c. 食肉の熟成

動物は屠畜後，筋肉への酸素供給が停止し，筋肉中のグリコーゲンから乳酸が産生されるため，pHが低下し保水性が悪くなる．また，酸化的リン酸化作用の停止に伴い，クレアチンリン酸の消失と，それに続くATP（アデノシン三リン酸）の減少，また，**アクチン**と**ミオシン**の結合により**アクトミオシン**が形成され，筋肉は収縮したままとなる．これを**死後硬直**と呼ぶ．この時期はうまみも少なく，食用には適さない．そのため，屠体を一定期間低温貯蔵し，肉の軟化，保水性の回復および風味の回復を待ってから食用に供す．これを肉の**熟成**と呼ぶ．熟成期間

肉の保水性と軟化

肉の保水性はタンパク質のpHにより変化し，pH 5〜6（タンパク質の等電点）で最も低くなり，肉はかたくなる．調味料の利用は，この特性を利用しており，肉のpHを変化させ肉の保水性を増すことで肉を軟化させる．また，食酢によるマリネでは，酸性のタンパク質分解酵素が働き，筋線維タンパク質が分解されることによる軟化が起こる．

中，肉自身のタンパク質分解酵素による分解（自己消化）が進み，アミノ酸やペプチド，核酸関連化合物質のイノシン酸などが増加することで食味が向上する．またpHが上昇するので，肉の保水性も向上し，肉質がやわらかくなる．熟成期間は動物種，貯蔵条件などにより異なるが，0℃で牛肉は10〜14日，豚肉は3〜7日，鶏肉は7〜8時間である．

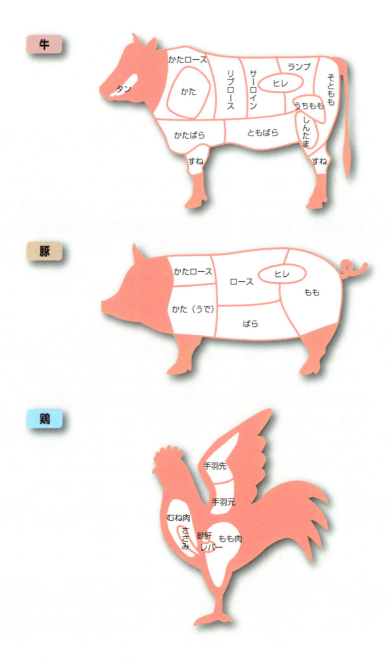

図6.12　牛・豚・鶏の部位の名称とその特徴

また，一般に食肉はやわらかい食感が好まれるため，次のような下処理を行う．
①**物理的方法**：筋肉線維に対して直角に切り目を入れる．肉たたきなどで叩いて機械的に筋肉線維をほぐす．ひき肉にする．
②**化学的方法**：調味料を利用し，ふり塩を行う．食酢でマリネする．味噌，醤油，酒，ワインなどにつける．

牛肉

可食部位	特徴	料理
タン	他の部位に比べて脂肪が少なくヘルシー	シチューなどの煮込み料理，焼き肉（薄切り）
かたロース	適度に脂がのっているが，赤身が多くすじっぽい	薄切りにしてすき焼き，焼き肉，炒め物
かた	かたいがうま味がある	シチューなどの煮込み料理，焼き肉（薄切り），ひき肉
リブロース	霜降りが多く，やわらかい	すき焼き，ステーキ，ローストビーフなど
サーロイン	きめが細かく，やわらかい．最上部位	ステーキなど
ヒレ	最も運動しない部位のためとてもやわらかく，脂肪が少ない赤身．サーロインと並ぶ最上部位	ステーキ，カツなど
かたばら・ともばら	赤身と脂肪が層になっている．きめが粗く，かため．薄切りに適している	牛丼，すき焼き，煮込み料理，焼き肉など
うちもも	脂肪の少ない赤身．大きな切り身で使用する	カレーやシチューなどの煮込み料理，ローストビーフ
そともも	脂肪の少ない赤身．うちももよりきめが粗く，かたい	薄切りにして焼き肉，炒め物
ランプ	きめが細かく，やわらかい赤身	たたき，ステーキ，ローストビーフなど
しんたま	きめが細かく，やわらかい赤身．タンパク質を多く含み，脂肪は少ない	焼き肉，カツ，ローストビーフ，シチューなど幅広く使える
すね	すじが多くかたいが，長時間煮るとやわらかくなる．だしをとるのに適している	ポトフなどの煮込み料理，ひき肉，ブイヨンの素材

豚肉

可食部位	特徴	料理
かたロース	適度な脂肪があり，うま味とコクがある	薄切りやソテー，とんかつ，焼き豚など幅広く使える
かた	すじがあって少しかたい	シチューなどの煮込み料理
ロース	きめが細かく，やわらかく，風味がよい	とんかつなどの厚切り肉や焼豚などの塊で使用する料理，酢豚など
ヒレ	最もきめが細かくやわらかい．脂肪も少ない最上部位	ヒレかつなどの厚切り肉の料理
ばら	脂肪と筋肉が層をなしておりきめは粗いがやわらかい	角煮，酢豚などの塊で使用するものや炒め物
もも	脂肪が少ない．赤身肉として幅広く使用できる	焼き豚，炒め物，煮込みなど，だいたいの料理に使用できる

鶏肉

可食部位	特徴	料理
手羽元・手羽先	脂肪の加減がちょうどよく，コクがある．ゼラチン質が多い	揚げ物，煮物，だしをとるのに適している
むね	やわらかく脂肪が少ないので淡泊な味	蒸し物，カツ，サラダなどの蒸し物や揚げ物，焼き鳥，炒め物
ささみ	最もやわらかく，淡泊で低脂肪高タンパク質	酢の物，蒸し物，揚げ物，刺身，和え物，椀種
もも	肉質がしまっていてコクがある	唐揚げ，照り焼き，焼き鳥，蒸し物，煮込み，鍋物など

③**酵素による方法**：ショウガやパイナップル，キウイフルーツなどの果汁につけ込み，果汁に含まれるタンパク質分解酵素により肉をやわらかくする．

d. 調理によるタンパク質の変化と調理性

(1) 加熱による物性の変化　肉は水分を加えない加熱により，タンパク質が凝固，収縮し，肉汁が溶出してかたくなる．一方，水中で長時間加熱するとほぐれやすくなる．これは，肉基質タンパク質の主成分であるコラーゲンが80℃以上で分解され，低分子のゼラチンに変化して溶け出し（ゼラチン化・可溶化），筋線維がほぐれやすくなるためである．シチューなどの煮込み料理にバラ肉などを使い，ステーキなどの水を使用しない高温調理にはコラーゲンの少ないヒレやロース肉を使うのは，この特性のためである．

ひき肉の粘着性

ひき肉を使用したハンバーグや食肉加工品では，肉に塩を添加し，よくこねることで適度な弾力（粘着性）が生まれ，おいしく感じられるようになる．これは，筋原線維タンパク質（ミオシン）が塩により溶解して線維構造が緩み，保水性が増し，さらによくこねることで，ミオシンは単分子に分散して粘着性が増す．これを加熱することでミオシン分子が凝集し，架橋結合を起こして適度な弾力をもつようになるからである．

---

(2) 加熱による色の変化　肉の色は主としてミオグロビン（肉色素）とヘモグロビン（血色素）と呼ばれる鉄（Fe^{2+}）を含む色素タンパク質によるものであるが，加熱により，透明感のある薄桃色や赤色から不透明な灰褐色に変化する．これは，グロビンが熱変性し，ヘム色素が酸化されてメトミオクロモーゲンとなるためである．

(3) 加熱による風味の変化　肉のうまみは，遊離アミノ酸や核酸関連物質によるものであるが，加熱することで好ましいにおいが生じる．これは加熱により脂質から脂肪酸が溶出し，流出した脂肪酸が分解されて生じるカルボニル化合物や，揮発性のアルデヒド，アルコール，ケトン，有機酸などによるものである．また，タンパク質の分解により生じたアミノ化合物と糖質が反応してメイラード反応（アミノカルボニル反応）を起こし，香ばしいにおいや色が生じる．

e. 部位の特徴と適切な調理法

牛・豚・鶏の部位の名称と特徴，それらを使用した主な料理を図6.12（p.104, p.105）に示す．肉は熱伝導が悪く，ハンバーグなどのように空気を含むとさらに

伝わりにくくなる．また，豚肉や鶏肉は寄生虫がいる場合もあり，中心部まで加熱する必要がある．焼く，揚げるなどの調理操作では内部温度の確保「内部温度75℃で1分間」に特に注意が必要である．

ステーキの焼き加減

レア：肉の内部大部分が鮮赤色．中心温度 55～65℃
ミディアム：外側は灰褐色であるが，中心部が赤色．中心温度 65～70℃
ウェルダン：切り口の色が全体に灰褐色．中心温度 70～80℃

B. 魚介類

a. 種類と特性

魚介類の種類は，脊椎動物の魚類をはじめ，軟体動物のイカやタコ，貝類，節足動物のエビやカニ，ウニ，ナマコ等の棘皮（きょくひ）動物，クラゲ等の腔腸（こうちょう）動物など多種類に及ぶ．島国である日本では，古来より，これらの魚介類が貴重なタンパク源として利用され，食卓を豊かに彩ってきた．

魚類の基本的な収縮構造やタンパク質の構成は肉と同様であるが，筋線維は畜肉に比べて短い．図6.13に示すように，骨格筋に魚類特有の血合肉があり，その含有量は種類によって異なっている．筋肉の色から赤身魚（ミオグロビンを多く含む）と白身魚に分類される．赤身魚は遠洋回遊魚のマグロ，カツオなどと，近海回遊魚のブリ，アジ，イワシ，サンマなどの青背の魚で，血合肉が多く味も濃厚

図 6.13 魚肉の構造

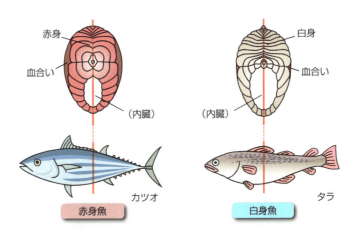

である。一方，白身魚は，タイ，ヒラメ，タラ，カレイ，タチウオなどで，脂肪も少なく味も淡泊で，日本料理の椀種（わんだね）や蒸し物に利用される．サケやマスも身がピンク色であるが，これは餌（オキアミ）に含まれる色素**アスタキサンチン**の沈着によるもので，本来は白身魚である．アスタキサンチンはカニやエビの甲殻にも含まれている．

b. 成分

魚介類の成分は季節によって変動し，多くは産卵期前に脂質やグリコーゲン，うまみ成分が増し，最もおいしいとされており，この時期を**旬**と呼ぶ．

魚肉のうまみ成分としては遊離のアミノ酸やペプチド，核酸関連物質，有機酸，糖などがかかわっているが，主には**グルタミン酸**と**イノシン酸**の相乗効果が大きい．また，カルシウムは食肉より多く，よい供給源である．貝類では，**コハク酸**，**グリコーゲン**が，またイカなどの軟体動物ではアミノ酸の一種である**ベタイン**が多く含まれており，うま味に関与すると考えられている．

(1) タンパク質　魚肉のタンパク質構成成分は食肉と同じく20%前後で，筋原線維タンパク質，筋形質タンパク質，肉基質タンパク質からなる．

(2) 脂質　脂質は種類によって1%未満から20%を超えるものまであり，赤身魚のほうが多い．また，同じ魚でも部位によって脂質含有量は異なり，腹肉は背肉より多い．脂質含有量は同じ魚でも年齢，季節，飼料（天然か養殖）により，大きく異なる．養殖魚のほうが一般に脂質含有量は多い．脂質の構成成分は，**多価不飽和脂肪酸**である**エイコサペンタエン酸**（EPA，C20：5）や**ドコサヘキサエン酸**（DHA，C22：6）が多く含まれ，特に青背の魚に多い．EPAやDHAには，血管系疾患の予防やコレステロールの低下作用などの生理・薬理機能が期待されているが，酸化しやすく，油やけや不快臭の原因となるため，扱いには注意が必要である．また，新鮮な魚介類は，においが弱いかほとんど無臭であるが，鮮度の低下に伴い，生臭いにおい（**トリメチルアミン**や**ジメチルアミン**）が強くなる．

c. 魚介類の鮮度

魚介類の死後変化は，食肉同様に死後硬直，硬直解除と進むが，この変化が食肉よりも早く進む．そのため，死後2，3日中に加工調理して食すものが多い．生食する場合，死後硬直の身のしまっている時期の食感が好まれるため，活魚の輸送や貯蔵等の工夫がされている．

d. 魚介類の調理

(1) 下処理　魚体の表面には細菌類が付着しているので，丸のまま流水で洗う．身がやわらかく水溶性の筋形質タンパク質を多く含む魚肉は，切り身にしてからは原則として洗わない．また，身のやわらかいカキは食塩水や大根おろしなどを利用して身を傷つけないように洗う．生食する場合は酢洗いすることで菌の繁殖を抑制できるとされる．

(2) 生食調理

①**刺身**：特有の舌触りや歯触りなど弾力のあるテクスチャーを味わう．肉質をいかした切り方がされ，赤身の魚は肉質がやわらかいので，厚めの平づくりや角づくりなどにし，肉質のかたい白身の魚は，そぎづくりや薄づくり，糸づくりなどにする．

②**あらい**：スズキやタイなど，鮮度の高い魚介類をそぎ切りし，氷水中で洗うとATPの急激な溶出により，筋原線維タンパク質のアクチンとミオシンが結合し，収縮する．その結果，魚肉が縮れ，コリコリとした食感を楽しむことができる．また，魚介類の表面だけを加熱して焼いたり(焼き霜)，湯をかけたり(湯引き)する手法は，表皮下のコラーゲンを熱により可溶化し，噛み切りやすくしている．鯛

鮮魚の見分け方

日常的には，次のような外観，においなどの官能評価から経験的に判断される．

① 目が澄んでいる．
② 魚体表皮の色彩に光沢があって，みずみずしい．
③ 魚全体はかたく弾力があり，尾が垂れ下がっていない．
④ 鰓(えら)が鮮紅色である．
⑤ 魚肉に透明感がある．
⑥ 不快臭がない．

科学的な方法には，揮発性塩基窒素（VBN）を測定する方法や死後変化に伴って生成されるATP分解生成物 ADP，AMP，IMP，HXR，HX を測定する(K値)方法などがある．活けじめの魚のK値は1～5%以下，刺身やすしだねは20%以下，一般市販の鮮魚は40～60%のK値とされている．

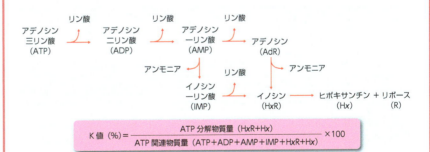

$$K 値 (\%) = \frac{ATP 分解物質量 (HxR+Hx)}{ATP 関連物質量 (ATP+ADP+AMP+IMP+HxR+Hx)} \times 100$$

ATPの分解経路とK値
ATP → ADP → AMP → IMP までは分解が速いが，IMP以降は反応が遅く，K値は時間の経過に伴い徐々に上昇する．

[木戸詔子・池田ひろ 編，調理学 第3版，p.85，化学同人(2016)を一部改変]

の霜皮づくりや,鰹(かつお)のたたきなどはこの調理法を利用している.

③**酢じめ**:食塩で身をしめ,食酢につけることで歯触りをよくし,保存性を高める調理法である.代表的なものはしめさばである.サバは肉質がやわらかく,保存性が悪いので,10～15%の塩をして表面を脱水凝固させ,身をしめる.内部に浸透した食塩によりミオシンが溶出し,**アクトミオシン**が形成され,魚肉に弾力性が生まれる.また,酸性下で働くタンパク質分解酵素により,タンパク質の分解が進むため,テクスチャーが変化し,また,遊離アミノ酸が増加してうまみも増す.食酢に浸漬する前処理の食塩濃度が低いとミオシンが溶出し凝固するので,肉が膨潤し身がもろくなるため,前処理の際の食塩濃度には注意が必要である.

魚臭の除き方や抑える方法

①鰓や内臓を除いた魚体を水洗い(冷水)する.
②酢やかんきつ類などのpHの低い食品を利用し,アミン類を酸で中和する.
③食品の芳香(ショウガ,ニンニク,ネギなど)を利用する.
④調味料(醤油,味噌,砂糖など)の加熱香気成分や酒,みりんに含まれるアルコール成分による魚臭の**マスキング効果**を利用する.

イカの調理

イカは水分が約80%と多く,加熱による収縮が激しい.この性質を利用して,表皮に切れ目を入れて加熱することで,**鹿(か)の子(こ)いか**や**松笠いか**など外観美とともに,噛み切りやすさ,調味液の絡みやすさなどの効果も得られる.

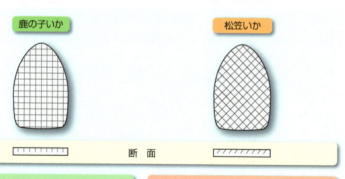

鹿の子いか:表皮に直角に切り込みを入れることで鹿の子模様になる

松笠いか:表皮に包丁を斜めにあて,斜めに切り込みを入れることで身が松笠のように開く

貝類の調理

貝類は腐敗が早いので,生きているうちに調理をすること.

(3) 加熱調理

①**煮魚**：煮汁が沸騰したところに魚を入れて加熱することで，魚肉タンパク質を短時間で凝固させてうまみの流出を防ぐ．仕上げにショウガなどを加えることで魚臭を抑えることができる．また，魚のコラーゲンは加熱により煮汁中にゼラチンとして溶け出し，冷めると凝固する．これを煮凝りと呼ぶ．

②**焼き魚**：表面を150～250℃の高温で加熱することで，焼き色，香ばしい香りが得られる．直火で焼く際にはふり塩（直接3％の食塩をふっておく）をして身をしめ，強火の遠火で焼きむらを防ぎながら，一気に表面のタンパク質を凝固させる．また，皮に切れ目を入れて皮の縮みを防ぐなどの工夫をする．

③**つみれ**：魚肉に1～3％の食塩を加えてよくすりつぶすとアクトミオシンが形成され，粘りのあるペースト状になる．これを団子にし，加熱するとつみれやしんじょなどの弾力性のあるゲルとなり，特有の歯触りを楽しむことができる．

C. 卵類

食用とされている卵は，鶏，ウズラ，アヒルなどであるが，日常調理に用いられ需要のほとんどを占めるのは鶏卵である．ここでは鶏卵について述べる．

a. 卵の構造と成分

鶏卵の構造を図6.14に示す．卵殻の内側には2層からなる卵殻膜（外卵殻膜と内卵殻膜）があり，その内側に卵白（濃厚卵白と水様卵白），さらに内側に卵黄膜に包まれた卵黄がある．鈍端では2枚の卵殻膜の間に空気を含むかたちで気室が形成される．卵殻には多数の気孔があり，水や気体を通す．卵殻表面には産卵時に付着した粘液が乾燥固着したクチクラという薄い膜が付いており，微生物が卵殻から侵入するのを防ぐ役割をする．しかし，市販される卵の多くは出荷前に洗卵され，その際に多くが失われる．

卵殻，卵黄，卵白の構成比はおよそ1：3：6（重量比）である．

図6.14 鶏卵の構造

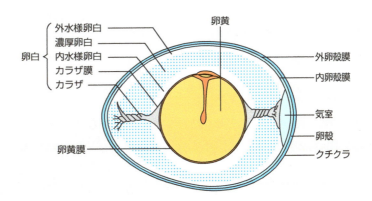

表 6.18　鶏卵の成分

	水分(g)	タンパク質(g)	脂質(g)	コレステロール(mg)	炭水化物(g)	灰分(g)
全卵	75.0	11.3	9.3	370	3.4	1.0
卵黄	49.6	13.8	28.2	1,200	6.7	1.7
卵白	88.3	9.5	0	1	1.6	0.7

Tr：微量

[日本食品標準成分表 2020 年版（八訂）]

表 6.19　卵白の主なタンパク質と特性

タンパク質	組成(%)	等電点	特性
オボアルブミン	54	4.7	熱凝固に関与
オボトランスフェリン	12～13	6.0	鉄結合性，抗微生物作用
オボムコイド	11	4.1	トリプシン阻害剤
オボグロブリン	8	5.5～5.8	泡立ち性に関与
オボムチン	1.5～3.5	4.5～5.0	ウイルスによる赤血球凝集阻止，泡の安定性に関与
リゾチーム	3.4	10.7	溶菌作用

[中村良 編, 卵の科学, p.11, 朝倉書店 (1998) を一部引用]

　卵白と卵黄の成分は非常に異なり（表6.18），それぞれの部位に特徴的な調理性がある．卵白は水分が約90％を占め，残りの大部分はタンパク質であり，脂質はほとんど存在しない．タンパク質の主なものはアルブミン，グロブリンである（表6.19）．

　卵黄の成分は，水分が約50％，残る固形分には約30％の脂質と約15％のタンパク質が含まれ，卵白に比べ脂溶性ビタミンなども豊富に含まれている．脂質のほとんどが卵黄中に存在し，トリアシルグリセロール約65％，リン脂質約30％，コレステロール4％で，それらはタンパク質と結合してリポタンパク質として存在する．リポタンパク質の内訳は低密度リポタンパク質（LDL）が約70％，高密度リポタンパク質（HDL）が約15％である．脂質を構成する脂肪酸組成は飼料によって変化する．

b.　卵の鮮度

　卵殻に付着しているクチクラや卵殻膜，また卵白中の溶菌，静菌作用のあるタンパク質が卵への微生物の侵入を防ぐはたらきをしている．しかし，時間の経過とともに成分に化学変化が起こり，鮮度が低下していく．この化学変化には温度が大きく影響する．

　産卵直後から，卵白に溶け込んでいた二酸化炭素が卵殻の気孔から抜けはじめ，卵白のpHは産卵直後7.5付近であったものが数日から10日で9を超え，最終的には9.5程度になる（図6.15）．

　二酸化炭素とともに水分も気孔から蒸発しはじめ，卵の体積と重量が減少していく．体積の減少に伴い卵殻膜の間にすき間ができ，気孔から空気が入って気室

図6.15 鶏卵貯蔵中の卵白と卵黄のpH

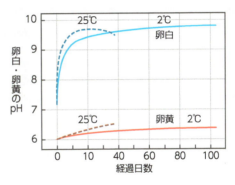

[Romanoff and Romanoff (1949)]

が大きくなっていく．

卵白のpHの上昇に伴い，濃厚卵白特有の弾力のもとになっているオボムチンが徐々に分解して水様卵白に変わり，割卵したときに卵白が水のように大きく広がるようになる．また，カラザやカラザ膜も弱くなり卵内で卵黄が中心に留まることができなくなって卵黄が浮上してくる．卵黄膜の脆弱化も進み，割卵したときに卵黄が平らに広がったり割れたりするようになる．

1999年の食品衛生法施行規則の改定によって卵にも賞味期限表示が義務化された．卵の賞味期限は，冷蔵保存した場合に生食できる期限を示したものである．

卵は**サルモネラ菌**に汚染されている可能性もあるので，とり扱いには注意を要する．サルモネラ菌の死滅温度帯は62℃以上であり，安全のためには調理完了時に料理全体が70℃程度までむらなく加熱されている必要がある．

c. 調理特性

(1) 熱凝固性 加熱によりタンパク質が熱変性してゲル状に凝固する性質である．卵白と卵黄の熱凝固温度は異なる（表6.20）．殻付きのゆで卵，殻なしのポーチドエッグ，卵をほぐして卵液にしてから加熱したものなどがある．

①ゆで卵：温度と時間を調節することによりいろいろなゆで卵ができる．卵を水からゆで，ゆで時間の目安は沸騰してから半熟卵で約5分，固ゆで卵で約12分である．70℃で約30分間加熱すると卵白はゾル状，卵黄はゲル状の**温泉卵**がで

表6.20 卵白と卵黄の凝固温度

卵白	58℃	凝固開始
	62～65℃	流動性消失
	80℃	完全に凝固
卵黄	65℃	粘りのあるゲル状
	70℃	ほぼ凝固

表6.21 卵液の希釈割合と料理

卵：希釈液	卵液濃度（％）	主な料理（希釈液）
1：0.1～0.3	70～90	オムレツ（牛乳），卵焼き・だし巻き卵（だし汁）
1：1～2	33～50	卵豆腐（だし汁）
1：2～3	25～33	カスタードプリン（牛乳）
1：3～4	20～25	茶碗蒸し（だし汁）

きる．長時間加熱すると卵黄の表面が緑黒色になるが，これは卵黄の含硫アミノ酸の分解により発生した硫化水素が卵黄中の鉄と結合してできた硫化鉄の色である．特に鮮度の低下した卵にみられる現象である．

②**ポーチドエッグ（落とし卵）**：卵を割って沸騰水中で加熱する半熟卵の一種である．沸騰水に0.8～1%程度の食塩，または食塩と3%程度の食酢を加え，3分程度加熱する．

③**希釈卵液の卵料理**：全卵をほぐして撹拌し，だし汁や牛乳などで希釈してゲル化させたものである．ゲル化には，卵の濃度，希釈液の種類，調味料，加熱条件などが影響する．表6.21に希釈卵液を使った卵料理と希釈割合を示した．

希釈割合の低い卵料理：オムレツやだし巻き卵は，油をひいて熱板上で短時間高温加熱して凝固させたものである．成分変化と水分の蒸発が速く起こるため，そのコントロールが出来上がりに大きく影響する．

希釈割合の高い卵料理：卵豆腐や茶碗蒸し，カスタードプリンなどは，やわらかくなめらかですだちのないゲルに仕上げることが重要である．すだちは主に，卵液中に含まれる微小な気泡中に水蒸気が入り込んで気泡が大きくなり，その状態のままタンパク質が凝固することで形成される．これを防ぐには，卵液の温度を85～90℃に保って加熱する．卵液の昇温速度が大きいほうがすだちができやすく，分離液量が多くなり，なめらかさを欠くゲルになる．

希釈にはだし汁か牛乳がよく使われる．これらに含まれるナトリウムやカルシウムなどの陽イオンがゲル化を促進し，ゲルをかたくする．調味料については，食塩は前述の理由でゲルをかたくし，砂糖は親水性が強く，タンパク質の熱変性に必要な自由水を減少させるため，熱変性が抑制されてゲルはやわらかくなる．

(2) 起泡性 撹拌し空気を抱き込ませることで泡立つ性質で，特に卵白において優れており，膨化調理に利用される．卵白の**起泡性**や**泡沫の安定性**には，卵の鮮度，温度，添加物などが影響する．卵は鮮度が低下すると濃厚卵白が水様化して粘性が低下するため，泡沫の安定性が低下する．温度が高くなると（55℃くらいまで）起泡性は高まるが，泡沫のつやがなくなり，安定性は低下する．また少量の卵黄や油脂の存在は起泡性を低下させる．砂糖を添加すると卵白の粘度が増すため，泡立ちにくくなるが，泡のきめ，つや，安定性が増す．また，卵白は等電点付近（約pH 4.8）で最も起泡性が大きいので，調理ではレモン汁や酒石酸を加えることがある．卵白を泡立て，砂糖を加えたものをメレンゲという．

(3) 乳化性 水と油のように互いに混ざり合わない2つの相において，一方を他方に細かい粒子状に分散させ均質に混ざり合った状態にすることを**乳化（エマルション）**という．卵黄はそれ自体が**水中油滴型**のエマルションであり，また卵黄を**乳化剤**として水中油滴型エマルションを調製することができる．卵黄中で乳化剤のはたらきをしているのは，卵黄固形物中のリポタンパク質のなかで最も多く存

図6.16 エマルションの種類

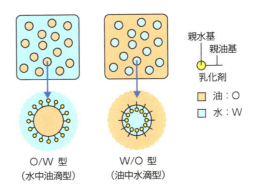

在する低密度リポタンパク質（LDL）と考えられている．乳化性を利用してつくられるマヨネーズは，卵黄に食塩やからしなどを混合したなかに油を滴下しながら撹拌し，食酢を適時加えて調製する．マヨネーズ中には70〜80％の油が微粒子として分散しており，水中油滴型（O/W型）エマルションとなっている（図6.16）．マヨネーズをつくる際には乳化操作中に水中油滴型から油中水滴型（W/O型）に転相しないように調製することが必要である．転相は，水相に対して油滴が許容量を超えると起こる．それを防ぐためには，特に初期は油を少量ずつ加えていくなどに留意する．安定性には，油滴のサイズが関与し，油滴のサイズは，油の滴下速度，撹拌回数・速度などが相互に関与して決まる．

D. 乳・乳製品

a. 種類と特性

一般的に日本では，乳類の主原料は牛の乳であるが，羊や山羊，ラクダなどの乳を利用している国もある．乳製品としては，飲用乳，粉乳，練乳，クリーム，バター，チーズ，ヨーグルトなどがある．

日本で牛乳・乳製品が広く利用されはじめたのは明治時代以降で，不足しがちなカルシウムをはじめ，ミネラル，ビタミンを豊富に含む食品として摂取が推奨されている．

b. 牛乳の成分

牛乳の成分はほぼ水分（88％）で，固形成分は糖質約5％，タンパク質約3％，脂質3％以上である．糖質の主成分はラクトースで，ラクトースを分解する酵素の活性が低い日本人は乳糖不耐症（ラクターゼ不耐症）を起こしやすいとされる．タンパク質は必須アミノ酸のバランスがよく良質である．生乳中の主なタンパク質は，カゼインであり，カルシウムやリン酸と結合してミセル（親水コロイド粒子）を形成し分散している．カゼインミセルは熱に対しては比較的安定であるが，酸を

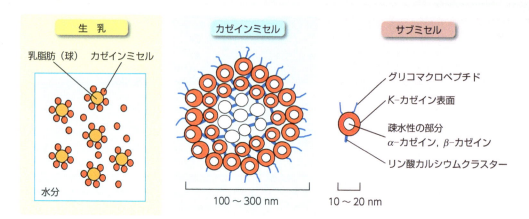

サブミセルは、$α_s$-カゼイン、$β$-カゼインからなる疎水性の核が、親水性のグリコマクロペプチドをもつk-カゼインで囲まれたもの。カゼインミセルは基本単位のサブミセルがリン酸カルシウムによる架橋で結合し、100〜300 nm の集合体となったもの。カゼインミセルは乳中の脂肪（球）をとり囲み、乳中の水分とうまく混じり合わせる界面活性剤のはたらきをしている。

図 6.17　牛乳中のミセルの模式図

加えるとカルシウムが遊離し、等電点（pH 4.6）付近で沈殿する（図6.17）。このときの上澄み液（ホエイ）中のタンパク質を**乳清タンパク質**（**ラクトグロブリン、ラクトフェリン**など）といい、熱に不安定で凝固し、皮膜を形成する。脂質は直径0.1〜17 $μ$m の脂肪球で**水中油滴型エマルション**として分散しており、殺菌過程で脂肪が分離しないように1 $μ$m 前後に**均質化**（**ホモゲナイズ**）することで、表面に脂肪層が形成されるのを防ぐ。脂肪酸組成はパルミチン酸、オレイン酸のほか、炭素鎖数12以下の短鎖・中鎖飽和脂肪酸、特に酪酸を多く含んでいる。これらの脂肪酸が牛乳特有の芳香を与えている。

c. 調理による変化

（1）加熱による皮膜の形成　60℃以上の加熱により乳清タンパク質が熱変性による凝固を起こし、皮膜を形成する。これを**ラムゼン現象**と呼び、これを防止するには、軽くかき混ぜたり、過加熱に注意する。料理の仕上げでは、バターを加えて空気との接触面を覆ったりするとよい。

（2）酸による凝固　果物や野菜中のクエン酸やリンゴ酸、ハマグリのコハク酸などの有機酸で凝固物を形成することがある。これはカゼインが等電点pH 4.6付近で凝固することによる。これらの食材を調理する場合は、牛乳を調理の最後に加えるなどの注意が必要である。

d. 牛乳の調理性

（1）料理を白くする色彩効果　ホワイトシチューやブラマンジェなど牛乳を多く使用する料理は白く仕上がる。

(2) 下処理での脱臭効果　脂肪球やカゼインミセルを含むコロイド溶液である牛乳は，レバーや青背の魚などの生臭さを吸着するので，下処理として牛乳につけるとよい．

(3) なめらかさと風味づけ　牛乳中に分散した脂肪球が，なめらかな舌触りとなるので，ホワイトソース，牛乳寒などに風味が加わる．

(4) ゲルを形成する　カスタードプリンやゼリーなどの卵やペクチンを用いたゲルでは，ゲル強度を高める．

(5) 焼き色・香気をつける　砂糖などの材料と牛乳中の乳糖やアミノ酸の相互作用（加熱によって起こる**メイラード反応（アミノカルボニル反応）**）により，クッキーやケーキなど焼き菓子の香ばしい風味や褐色の焼き色が得られる．

e. 牛乳の加工品の調理

(1) 生クリーム　脂肪含量20％前後のライトクリーム（コーヒー，スープ，ソース用）と40％前後のヘビークリームに分類される．また市販では，乳脂肪のみ，一部を植物性脂肪で置換した混合タイプ，植物性脂肪のみ（乳等命令では，牛乳等だけから製造した乳脂肪18％以上のもののみを「クリーム」と表示できるため，植物性脂肪を少しでも加えたものは「乳又は乳製品を主要原料とする食品」となり，「クリーム」と表示することはできない）の3タイプが流通している．クリームを泡立てると，気泡を抱き込み，そのまわりにタンパク質，脂肪球が凝集してホイップクリームができる．脂肪の凝集は5〜10℃で起こりやすいため，ボールを氷水にあてるなどして低温で撹拌するとよい．クリームを泡立てすぎると脂肪が分離し，なめらかな状態からぼそぼその状態になるので，泡立てすぎに注意する．

　ホイップクリームにどのくらい空気が含まれているかを示す指標を**オーバーラン**という．オーバーランが高いと空気をたくさん含んでおり，軽い口あたりとなる．オーバーランは次式より計算できる．

$$\text{オーバーラン}(\%) = \frac{y-x}{x} \times 100$$

x：ホイップ前の体積，y：ホイップ後の体積

(2) バター　生クリームを**チャーニング**（撹拌）して脂肪球の皮膜を破壊し，脂肪どうしを凝集させてつくられた**油中水滴型エマルション**である．加塩（約2％）された有塩バターと無塩バターがある．バターの風味は，揮発性低級脂肪酸や発酵中に生成されるアルコールなどによるもので，少量添加することで食品の風味が増す．

　バターの調理性と利用例には次のようなものがある．

①**可塑性**：外力を加えると変形し，力を除かれてもその形状を維持する性質のことをいう．可塑性は13〜18℃で得られる．バターをパンに塗る，パイ生地を

つくる，バタークリームでケーキをデコレーションするなどが利用例である．
②**ショートニング性**：小麦粉を用いた焼き菓子などにバターを多く加えると，もろく，砕けやすくなることをいう．クッキーやパイなどがこの例である．
③**クリーミング性**：撹拌により脂肪が空気を抱き込むことをいう．この性質は，パウンドケーキやバターケーキなどに利用される．スポンジケーキとは異なる特有の生地となる．

（3） チーズ　　牛乳に乳酸菌を加えて発酵させる，あるいは酵素を加えて凝集させ（カード）固形状にしたもの，またこれを細菌や酵母・カビなどで熟成させてつくるナチュラルチーズと，ナチュラルチーズを1種類あるいは2種類以上加熱溶解し乳化させてつくるプロセスチーズに大別される．そのため，プロセスチーズは保存性に優れており，味も一定であるが，ナチュラルチーズは乳酸菌が活性状態になるため品質が変化しやすく，風味のよい食べ頃がある．

チーズは生で食べたり，すりおろして料理にかけたり，加熱し溶かして食すなどさまざまに利用でき，香りとうまみを与え，料理の風味を増す（表6.22）．

表6.22　さまざまなナチュラルチーズの種類と料理例

かたさ	熟成法	チーズ名	料理例
軟質	熟成なし（フレッシュ）	カッテージ　クリーム　マスカルポーネ　モッツアレラ	サラダ，ケーキ，ティラミス，パスタ，ピザなど
	白カビ	カマンベール　ブリー	オードブル，デザートなど
	青カビ	ゴルゴンゾーラ，ロックホール	リゾット，オードブル，パスタなど
硬質	細菌（3～6か月）	ゴーダ　チェダー　コンテ　エメンタール	スープ，フォンデュ，デザートなど
超硬質	細菌（1～4年）	パルメッジャーノ・レッジャーノ	パスタ，サラダなど

6.3　成分抽出素材

成分抽出素材とは，植物性食品や動物性食品から物理的・科学的処理により抽出，分離し，精製したものである．調理に必要な素材としてデンプン（ジャガイモデンプン，クズなど），こんにゃく粉やペクチン，寒天などの多糖類，ゼラチンや，大豆タンパク質，小麦タンパク質などがある．

A. デンプン

デンプンは植物が太陽のエネルギーと，水，炭酸ガスから合成（光合成）し，根や茎，種子，実，樹幹にエネルギー源として貯蔵している主要な糖類である．デンプンは粒子で存在し，冷水に溶けず，その名のとおり沈殿しやすいことを利用して，穀類やいも類などから抽出分離された成分抽出素材の代表的なものである．デンプンには，コーンスターチ（トウモロコシ），馬鈴薯デンプン（ジャガイモ），甘藷デンプン（サツマイモ），タピオカデンプン（キャッサバ），さごデンプン（サゴヤシの樹幹），小麦デンプン（小麦），米デンプン（米），緑豆デンプン（緑豆），カタクリデンプン（カタクリの鱗茎）などのほか，和菓子の高級材料として，くずデンプン（葛の塊根），わらびデンプン（蕨の根茎）がある．一般的に市販されている片栗粉の多くは馬鈴薯デンプンでわらび粉は甘藷デンプンである．白色粉末であるが，植物の起源により調理特性が異なる．

デンプンの構成成分はグルコースからなり，$\alpha 1 \rightarrow 4$ 結合で直鎖状に長く結合した**アミロース**と短い側鎖をもつアミロース，そして $\alpha 1 \rightarrow 6$ 結合で枝分かれした**アミロペクチン**からなる．これらの分子構造や構成割合は調理特性に大きな影響を与える（図6.18）．$\alpha 1 \rightarrow 4$ 結合したグルコース残基は6個で1回転し，らせん構造をとり，ヨウ素を1分子とり込む（包接化合物）ことができる．デンプン（溶液）にヨウ素液を加えると青く染まる（ヨウ素デンプン反応）のはそのためで，グルコースの重合度により青から赤を呈色する．

図6.18 デンプンの化学構造

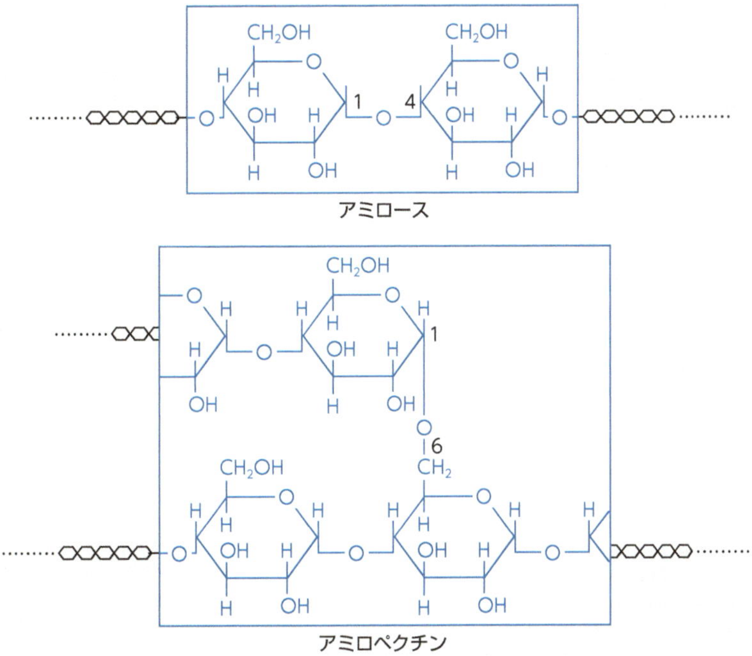

生デンプンの水分含量は15％前後であるが，これに水を加えて加熱すると，水分子が微結晶構造（ミセル部分）に入り込んで膨潤し，ミセルがほぐれ，溶液は透明度を増し，粘度が上昇し，コロイド状の糊になる．この現象をデンプンの**糊化**という（図6.19）．糊化デンプンは消化酵素のはたらきを受けやすい．糊化には30％以上の水分が必要で，一般に60℃前後の温度から糊化がはじまる．糊化温度や粘度は，デンプンの種類や粒の大きさなどにより異なる．糊化デンプンは加熱を続けたり，撹拌することによりデンプン粒が崩壊し粘度が低下（**ブレークダウン**）する．

　さらに，糊化したデンプンを水分を含んだまま常温に放置（冷却）すると，高濃度の糊液はゲル化し，低濃度の場合は**離漿**（りしょう）（水分が追い出されしみ出てくる現象）が起こり，再びミセルが部分的に再構築されて白濁し，粘度が低下する．この現象をデンプンの**老化**といい，老化したデンプンを老化デンプンという．デンプンの老化は，水分30〜60％，温度0〜5℃，直鎖アミロースの含量が多い場合に起こりやすい．せんべい，ビスケットなどのように糊化直後に，水分を10％以下に脱水する，飯の温度を60℃以上に保温または冷凍する，求肥のように砂糖を加

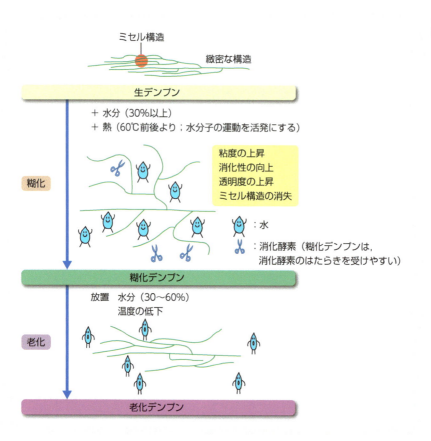

図6.19　デンプンの糊化と老化

え親水性をもたせるなどによりデンプンの老化を防止することができる．

デンプンは，加熱により粘性を示し，冷却するとゲルを形成するなどゲル化性（粘弾性），粘稠性，結着性（つなぎ）などの特性を利用して，ボディの形成，とろみづけ，風味，食感の付加，つやだしなど調理では重要な役割を果たしている（表6.23）．各デンプンの5％濃度での粘度は，カタクリ＞キャッサバ＞くず＞ジャガイモの順である．

各種調味料はデンプン糊液の粘度やゲルのかたさに影響を与える．

①**ショ糖**：10〜30％程度の添加であれば，粘度や透明度を増加させるが，50％以上になると，ショ糖が水を奪うためにデンプンの糊化が妨げられ粘度が低下する．

②**食塩**：ジャガイモのデンプンの場合は3％の添加で粘度が約半分に低下する．他のデンプンに対する影響は少なく，小麦デンプンでは反対に粘度が増す．しかし，調理における塩分濃度は低いので影響は少ない．

③**酢**：pH 3.5以下になると酸による加水分解が起こり，デンプン糊の粘度が低下するため，酢や果汁を加えるときは，デンプンが糊化した後に加える．アルカリは糊化を促進する．

④**油脂**：デンプンの膨潤糊化を抑制し，糊化開始温度を高める．しかし，加熱中の粘度低下を抑制し，安定した粘度を与える．

表6.23 デンプンの調理性

調理性	調理の種類	デンプンの種類	効果
ゲル化性（粘弾性）	ブラマンジェ	コーンスターチ	白色，歯切れ
	ごま豆腐，くるみ豆腐	くず粉，片栗粉（ジャガイモ）	歯ごたえ，舌触り
	わらび餅	わらびもち粉（わらび粉，サツマイモ粉）	口あたり，歯ごたえ
	くずきり，くずそうめん	くず粉，片栗粉（ジャガイモ），小麦粉	口あたり，のどごし
	くずもち，くず桜の皮	くず粉，片栗粉（ジャガイモ）	口あたり，舌触り
粘稠性	薄くず汁（くず引き）	くず粉，片栗粉（ジャガイモ）	保温，舌触り，具の分散
	くずあん，甘酢あん	片栗粉（ジャガイモ），くず粉	材料に調味液をからめる
	くず湯	くず粉，片栗粉（ジャガイモ）	口あたり
	カスタードクリーム	コーンスターチ，小麦粉	口あたり，舌触り
結着性（つなぎ）	肉団子	片栗粉（ジャガイモ），小麦粉	歯ごたえ，つなぎ
	かまぼこ，はんぺん	片栗粉，サツマイモ粉，コーンスターチ	歯ごたえ，つなぎ
	ソーセージ	片栗粉，サツマイモ粉，コーンスターチ	歯ごたえ，つなぎ
その他	はるさめ料理	春雨（緑豆，ジャガイモ）	歯ごたえ，調味液の浸透
	タピオカミルク	タピオカパール（キャッサバ）	口あたり
	から揚げ	片栗粉（ジャガイモ）	水分吸収，成分流出を防ぐ
	くずたたき	くず粉，片栗粉（ジャガイモ）	口あたり，食品に皮膜
	餅の打ち粉	片栗粉（ジャガイモ）	粘りつき防止

デンプンには微量の脂肪，タンパク質や無機質が含まれ，これが調理時に影響を与えることもある．ひとつのデンプンの欠点を補うために混合デンプンにすることもある．また，デンプンは，天然デンプンを化学的，物理的または酵素的に処理した化工デンプン，老化を防止するために米飯やゆでめんを急速脱水したアルファ化米やカップめんの麺，部分加水分解して得られるデキストリンやマルトースなど，さまざまな食品材料として利用されている．

B. ゼリー形成素材

a. ゼラチン

ゼラチンは，動物の皮，骨などの結合組織に含まれている不溶性のコラーゲンに水を加えて長時間加熱して得られた水溶性の繊維タンパク質（可溶性コラーゲン）である．ゼラチンは，タンパク質を85%以上含み，脂質をほとんど含まず，消化吸収がよく口あたりもよいことから幼児，老人，病人食として広く用いられている．アミノ酸組成は，グリシンが全体の1/3を占め，プロリン，ヒドロキシプロリンの量（2/9）が特に多い．しかし必須アミノ酸であるトリプトファンを含んでいないためにアミノ酸価は低いが，リジンを比較的多く含んでいる．

他の調味料や材料との影響を次にまとめる．
①砂糖はゲルの融点とゼリー強度を高める．
②食塩は，調理上では濃度が薄いのでほとんど影響はない．
③果汁等を加えpH 4以下になると，ゼリー強度の低下，融点の低下がみられる．
④グリセロール，エタノールはゼリー強度を高める．
⑤プロテアーゼ（タンパク質分解酵素）を含む果物（パイナップル，キウイフルーツなど）
　をゼリーに加える場合はあらかじめ果物を短時間煮て酵素を失活させるか，缶詰を用いる．

ゼラチンの形状は，板状，粒状，粉末状，果粒状などさまざまなかたちで市販されている．板状や粒状はあらかじめ吸水・膨潤（30〜60分）させ溶解（膨潤溶解法）させる必要があるが，果粒状は吸水・膨潤の必要はなく，溶液にふりかけるようにして溶解（直接溶解法）させることができる．一般的なゼラチンの溶解温度は40〜50℃なので，湯煎して溶解するのが望ましい．ゼラチン溶液を長時間加温したり高温で加熱すると，加水分解によりゼラチンの低分子化が起こり，粘度やゼリー強度が低下する．凝固温度は低いので氷水か冷蔵庫でゲル化させる．ゲルは付着性があるので，下層から順に凝固させて多色ゼリーをつくることが可能で，透明度が高く，やわらかい粘稠な食感で離水は少ない．

ゼラチンは，ゼリー形成素材としてばかりではなく，気泡性をもち，泡の安定性もよいことから安定剤としてマシュマロやババロアなどの菓子や，ミルク系飲料（ココア飲料など）や冷菓（アイスクリーム）への添加，とろみ（粘度）をつけるために

増粘剤としてソースやドレッシングに添加，食感の改良や離水防止など品質改良剤としてハム・ソーセージ，畜肉系惣菜に添加されている．他のゲル化剤と組み合わせて用いられることも多い．

b. 寒天

寒天は，紅藻類(主にテングサ，オゴノリ)から熱水により抽出される天然多糖類で，主成分はガラクトース誘導体である**アガロース**と**アガロペクチン**である．この多糖類が水と固まると心太になり，これを乾燥させたものが寒天である．角寒天100 g中に74 gの食物繊維を含んでいる．寒天には昔ながらの製法でつくられた角寒天のほか，糸寒天，粉末・固形・フレーク寒天がある．同様のゼリー強度を得るための目安は，角寒天1に対して，糸寒天0.8～0.9，粉末寒天0.5程度である．

角寒天や糸寒天はまずよく洗い，適当な大きさに細かくちぎり，20～30分十分な水につけておき，やわらかくなったら寒天をかたく搾る．粉末寒天もあらかじめ水で膨潤(5～10分)させておくとよい．現在は予備膨潤が不必要な寒天も市販されている．寒天に水を入れ，90℃以上に加熱し溶解(ゾル)させ，透明感が出てかたまりがなくなるまで煮溶かす．40℃前後で凝固(ゲル)を開始し，常温で凝固する．寒天ゲルには熱可逆性があり，再び加熱(80℃以上)するとゾルになる．

調理特性を次にまとめた．

①角寒天の場合は，濃度1～2%で用いられることが多い．

②寒天は最終濃度より低濃度になるように多めの水分量で煮溶かし，目的とする濃度にまで煮詰めると腰のあるなめらかなゲルとなる．

③ショ糖を加えることにより粘弾性が増すが，寒天が煮詰まってからショ糖を加えるより，寒天とショ糖をいっしょに煮詰めたほうが粘弾性の優れたゲルになる．

④酸を加えて加熱すると，寒天が分解され凝固力が低下するので，果汁などを加えるときは寒天が溶解し，少し冷めてから加える．

⑤牛乳はゼリー強度を弱める．

⑥水羊羹のように比重の大きな餡を混ぜるときや，淡雪羹のように比重の軽い卵白を混ぜるときは，粘性が高くなる凝固開始温度(4～45℃)付近で加えると均一に分散させることができる．

寒天は，世界各地より種々の海藻が輸入され，さまざまな物性のものがつくられている．菓子の材料以外にヨーグルトやマヨネーズなど，他のゲル化剤(ゼラチン，カラギーナン，コンニャクマンナンなど)と組み合わせてさまざまな食品に利用されている．

c. カラギーナン

カラギーナンは紅藻類（主にスギノリ，ツノマタ）より水抽出される天然多糖類で，主成分はガラクトースとアンヒドロガラクトースからなり，水溶性である．寒天と類似した構造組織をもつが，寒天と異なる特徴として，多量の硫酸基をもつ（電気的陰性）ため，タンパク質（両性電解質）との反応性が高い．

3,6-アンヒドロ-D-ガラクトースと硫酸基の有無で，溶解性，ゲル化性の異なるカッパー（κ），イオター（ι），ラムダ（λ）の3タイプがある．硫酸基の含量が多く，ゲル形成能の高いものから順にカッパータイプ，イオタータイプであるが，ラムダタイプはゲル化しない．カッパータイプ（0.1%以下），イオタータイプ（1%以下）は特に塩や乳タンパク質と結合してゲルを形成する．

カラギーナンゼリーは寒天よりも透明度は高く，ゲルの融解温度も低いため，口あたりはやわらかく，ゼラチンに近いテクスチャーを示す．

ゲル化性のほか，保水性，安定性，増粘性，乳化性，懸濁性などの性質があり，

表6.24 主なゲル化剤の調理

	タンパク質	高分子多糖				
	動物性	植物性				
	ゼラチン	寒天	カラギーナン	コンニャクマンナン	ペクチン	
					LMペクチン	HMペクチン
原料	牛，豚，魚の骨や皮	紅藻（テングサ，オゴノリ）	紅藻（スギノリ，ツノマタ）	コンニャクイモ	果実，野菜	
主成分	コラーゲンタンパク質	D-ガラクトースと 3,6-アンヒドロ-L-ガラクトースからなる多糖		D-グルコースとD-マンノースからなる多糖（グルコマンナン）	D-ガラクツロン酸とその誘導体からなる多糖（ポリガラクツロナン）	
抽出方法	アルカリまたは酸処理後加熱抽出	加熱抽出	（アルカリ処理後）加熱抽出	冷水温水抽出	HMペクチンをアルカリ処理	加熱抽出
使用濃度（%）	1.5〜3.0	0.5〜2	0.3〜1.0		0.5〜2.0	
溶解温度（℃）	40〜50	80〜100	60〜100		90〜100	
ゲル化	20℃以下（氷水，冷蔵庫）	20〜35℃（常温）	30〜45℃（常温）	アルカリ	カルシウムイオン（二価の陽イオン）	糖度55%以上，pH 3.5以下
熱的性質	熱可逆性ゲル	熱可逆性ゲル	熱可逆性ゲル	熱不可逆性ゲル		
光学的性質	透明なゲル	不透明なゲル	透明なゲル	不透明なゲル		
保水性	高い	離漿する	やや離漿する	高い	ゲル化条件から外れると離漿する	
冷凍耐性	冷凍できない	冷凍できない	冷凍できる	冷凍できない	冷凍できる	
消化性	消化吸収される	なし	なし	なし	なし	
食品の用途例	ゼリー，プリン，ムース，ババロア，グミ	ところてん，羊羹，みつ豆，杏仁豆腐	ゼリー，プリン，ムース，アイスクリーム	こんにゃく，ゼリー，ドリンク	ババロア，ジャム，ソース，ドリンク	ゼリー，ジャム

これらの性質を利用してアイスクリーム，ホイップクリーム，ハムや水産練り製品，チーズなどに利用されている．

市販のゼリー類はカラギーナンに**ローカストビーンガム**や塩類などを添加し，さまざまな好ましいテクスチャーをつくり出している．

> **ローカストビーンガム**
> ヨーロピアンカロブ樹ともいわれる *Ceratonia siliqua* というマメ科の常緑樹の種子の胚乳部から抽出されたガラクトースとマンノースを主成分とする多糖である．食品の天然増粘剤として単体で，あるいはカラギーナンや他の増粘多糖類とともにゲル化剤，増粘安定剤として利用されている．

d. コンニャクマンナン

コンニャクマンナンは，サトイモ科のコンニャクイモの塊茎から得られたコンニャク精粉の成分で，この約 92％が**グルコマンナン**である．寒天と同様に水溶性食物繊維であるが，異なる点は加熱後冷却しても凝固しないことである．コンニャクマンナンは，水を吸収すると膨張して容積が大きくなりコロイド状を呈し，これに炭酸ナトリウムや灰汁などのアルカリ性化合物を添加して加熱すると凝固し，弾力のあるゲル（例：こんにゃく）となる．一般的にこんにゃくは冷凍できないが，タピオカなどの化工デンプンを加えた冷凍耐性こんにゃくもある．グルコマンナンは，寒天やカラギーナンと混合し，ゼリーや飲料にも利用されている．

e. ペクチン

ペクチンは，植物組織の細胞壁に含まれるガラクツロン酸を主体とする複合多糖類である．果実が成熟すると酵素により，プロトペクチン（不溶性ペクチン）が部分的加水分解を受けペクチニン酸（狭義のペクチン）となる．さらに過熱するとペクチン酸になる．ペクチニン酸は，エステル化度によって**低メトキシル**（LM）**ペクチン**と**高メトキシル**（HM）**ペクチン**に分けられる（図6.20）．メトキシル基の含有量によってペクチンの溶解性，粘性，ゲル化性が異なる．天然のペクチンはHMペクチンでメチル基含有量は9〜12％である．HMペクチンは，適当な酸の存在下（pH 2.8〜3.3）で，砂糖（濃度50〜70％）を加えて加熱すると水素結合により適度なゼリー強度のジャムやマーマレード，ゼリーになる．LMペクチンは，HMペクチンを酸またはアルカリにより脱メトキシル化することにより得られる．LMペクチンは冷水に溶解し，カルシウムイオン（Ca^{2+}）のような二価の陽イオン（イオン結合）によってゲル化することから，さまざまな食品にゲル化剤，増粘剤，乳化剤，安定剤として利用されている．

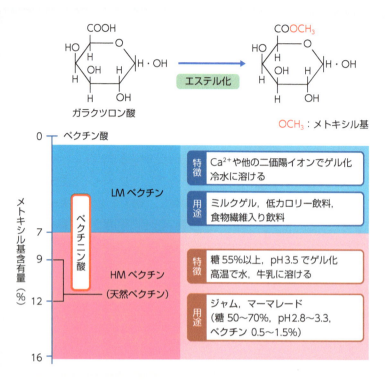

図 6.20 可溶性ペクチンの分類

C. 分離タンパク質

分離タンパク質は，当初，肉の代用品として，また増量材として，経済的目的で開発された．しかし，加工技術の進歩によりさまざまな形状，形態のものが開発されるようになり，健康志向（低コレステロール，高タンパク，低エネルギー）の高まりとともに，その用途が拡大している．

a. 大豆タンパク質

油を抽出した後の脱脂大豆からつくられ，糖類，その他の可溶性部分を除いて乾燥させたもので，ゲル化性，結着性，乳化性がよい．形状，食感に合わせて食肉加工品や練り製品などに使われている．ハンバーグなどに肉の30％程度加えると，ドリップを防いで収縮を防止し，結着性も改良され食味もよくなる．食品加工の分野では，魚肉加工製品，水産練り製品，がんもどき，油揚げなど惣菜製品ばかりではなく，パンやシリアル，乳児食品，健康食品などにも利用されている．

b. 小麦タンパク質

タンパク質含量の多い強力小麦粉から抽出したグルテンを加工してさまざまな形状や機能性をもたせたものである．形状により，粉末状，粒状，ペースト状，繊維状に分けられる．焼き麩や生麩の材料として用いられるほか，吸水させて加熱することにより強い弾力性をもつことから，かまぼこなどの水産練り製品，ハ

ンバーグやシュウマイなどの惣菜にも用いられている（活性グルテン）．グルテンを還元剤や酵素で処理して粘弾性を低下させ，熱変性を起こしやすくした変性グルテンは，保水性や乳化性が増すため，ハムやソーセージに使用されている．

c. 魚肉タンパク質

魚肉をミンチにして水にさらし，脂肪，血液や臭気成分を除き，水に溶けないタンパク質を得る．この魚肉タンパク質にはゲル形成性，乳化性，保水性があり，かまぼこやちくわ，つみれなどの練り製品や魚肉ソーセージ，惣菜用冷凍食品などに添加され，利用されている．

d. 乳清タンパク質

牛乳のタンパク質は約80％がカゼインで，20％が乳清（ホエイ）タンパク質である．乳清タンパク質は，牛乳をキモシンなどの酵素で凝固させてチーズを製造した後や，酸を加えてカードを除いた後の副産物を濃縮して粉末化したもの（ホエイパウダー）である．乳清中には，ラクトアルブミンやラクトグロブリン，ビタミン類や無機質が豊富で，卵白に代わる結着剤として，また栄養価を高めるために，肉加工品や練り製品，菓子，パン，ケーキなどに利用されている．

6.4 調味料

A. 砂糖（ショ糖）

a. 砂糖の種類と特性

砂糖の主成分はショ糖である．ショ糖を高濃度に生合成する植物には，サトウ

表 6.25 砂糖の種類

			種　　類	用　　途
砂糖	分蜜糖	ざらめ糖	白ざら糖	ゼリー，リキュール，菓子類
			中ざら糖	煮物，漬物
			グラニュー糖	菓子類，加工食品類
		車糖	上白糖	調理，菓子類，ジャム類
			三温糖	煮物，漬物
		加工糖	氷砂糖	果実酒
			角砂糖	コーヒー，紅茶
			粉砂糖，果粒糖	菓子類
	含蜜糖		黒砂糖（サトウキビが原料）	菓子類
			和三盆（サトウキビ（竹糖）が原料）	和菓子
			カエデ糖（メープルシロップ）（サトウカエデの樹液が原料）	料理，菓子

キビ（甘蔗），テンサイ，サトウカエデ，イタヤカエデ，ヤシなどがある．搾汁からショ糖だけを結晶でとり出したものを「分蜜糖」，糖蜜を分けないものを「含蜜糖」という．分蜜糖のうち結晶状だけのものを「結晶糖・ざらめ糖」，転化糖液をかけて固まりにくくしたものを「車糖」という．表6.25に一般的に調理で用いられる砂糖の種類を示す．砂糖は他の糖に比べて癖がなく，安定した甘味をもつ甘味料である．また，さまざまな調理特性をもっている．

b. 砂糖の調理性

（1）甘味を呈する　ショ糖の特性の最大のものは甘味，しかも快い甘味を呈することである．さらに，甘味の付与によって他の呈味成分との好ましい相互作用が生じる．甘さの目安である「甘味度」はショ糖の甘味度を基準としたときの相対甘味度である（第2章参照）．

（2）親水性が高い　水分子に対する親和性が高く，ヒドロキシル基が水和することにより自由（バルク）水の量を減少させて水分活性を低下させる．さらに水のクラスターへの関与などにより，次のような調理性を発揮する．

①防腐：飽和砂糖液の水分活性（Aw）は0.85なので，細菌・カビなどの繁殖を防ぐ．しかし，水分活性の低いジャムなどの食品の場合でも，表面は空気中の水分を吸収するため部分的に糖濃度が下がり，カビが生じることがある．

②デンプンの老化防止：糊化デンプンの水分子の移動を抑える．

③小麦粉食品のショートネス性増進：自由水の減少でグルテンの生成を抑制する．

④タンパク質の変性抑制：凝固温度の上昇（プリンなど），メレンゲの安定，冷凍変性抑制などの効果がある．

⑤脂質の酸化抑制：自由水減少による溶存酸素量の減少．

⑥ゼリーの強度・透明度を上げ，離漿を抑制

（3）溶解度が高い　100gの水に，20℃で約2倍（約66％），90℃で約4倍（約80％）も溶解する．

（4）発酵性　酵母により代謝され，二酸化炭素（CO_2）を発生する．

（5）色・香りを保持する効果

（6）褐変　カラメル化およびメイラード反応（アミノカルボニル反応）を呈する．

（7）ペクチン・有機酸とともにゲルを形成

（8）凍結点を降下させる

（9）浸透性がある　梅酒の調製では氷砂糖が徐々に溶解することにより浸透性が変化し，ウメの成分を徐々にうまく抽出する．

（10）食品につやを付与　砂糖溶液を加熱して沸騰させ煮詰めていくと，さまざまにその様子が変化する．これらの性質を利用して，飴，フォンダン，シロップなど，さまざまな調理に利用されている．表6.26に砂糖溶液の温度による変化を示す．

表 6.26 砂糖溶液の温度による変化

温度(℃)	名称	調理
103～105	シロップ	飲料，果実漬け，菓子
106～115	フォンダン	ジャム，バタークリーム用，製菓(ボンボン)
115～120	砂糖衣	キャラメル，かりんとう
130～135	ヌガー	菓子
140～165	抜絲(バースヮ)，飴	銀絲(140℃)，金絲(160℃)，タフィー，キャンディ，飴細工，カルメ焼
170～180	カラメル	カラメル，ソースなどの着色風味づけ

B. 食塩

a. 食塩の種類と特性

食塩は**塩化ナトリウム**(NaCl)を主成分とし，調味の基本となる塩味調味料である．特にナトリウムはヒトの体液や水分代謝などにおける生理的意義も大きい．食塩の原料は海水や岩塩である．海水からの製塩には**イオン交換膜法**や天日製塩がある．

日本では1905年(明治38年)以来『塩専売法』により食塩の販売が規制されてきたが，1997年(平成9年)に廃止された．輸入品やにがり成分(塩化カルシウム，塩化マグネシウムなど)を含んだ国内各地の特産の塩も販売されるようになり，調理や食卓で使用される塩は，純度，粒度，添加物(炭酸マグネシウム，にがり，うま味成分)の有無など多様化した．

b. 食塩の調理性

(1) 塩味を呈する　調味料のなかでも分子量の小さい食塩は，食品への味の浸透が速い．適量の食塩添加は甘味，うま味，酸味などと相互作用し，おいしい味をひき出す効果がある．食塩はほとんどの料理の調味に使用され，調味の方法は食品や料理の種類により多様であり，食卓で好みに応じて塩味をつける場合もある．一般的な料理の**食塩濃度**は汁物では0.6～0.8％，煮物では1～2％である．

(2) 脱水と浸透　野菜に食塩をふると，浸透圧作用により細胞中の水が脱水され，塩味が浸透する．魚に塩をふると脱水し，生臭みをとり，調味ができる．

(3) 酵素活性の抑制　皮をむいた果物を食塩水につけると，**ポリフェノールオキシダーゼ**などによる褐変が防止される．野菜をゆでるときに食塩を加えると**アスコルビン酸オキシダーゼ**(ビタミンC酸化酵素)の活性が抑制され，ビタミンCの酸化防止に効果がある．

(4) タンパク質への作用

①卵液の熱凝固促進：茶碗蒸しなどの希釈卵液は，熱凝固しやすくなる．

②肉タンパク質の溶解：魚肉に食塩を添加して摩砕すると，**筋原線維タンパク質**(アクチン，ミオシン)が溶解し，それらが結合して保水性の高いアクトミオシンが

表 6.27 食塩を使った料理用語

ふり塩	食塩を魚や野菜に直接ふりかける．魚は身がしまり生臭みがとれる．野菜は脱水し，塩味が浸透する．
立て塩	3〜4%の食塩水に魚や野菜をつける．全体にむらなく塩味がつく．魚肉の身は脱水し生臭みがとれる．
呼び塩	漬物や塩蔵品の塩気を抜くために，1〜2%の塩水に浸す．真水に浸した場合に比べ，早く塩が抜ける．「迎え塩」ともいう．
紙　塩	水で濡らした和紙を食品にかぶせ，その上から食塩をふり，ほのかな塩味をつける．
化粧塩	魚を焼く前にひれや尾にたっぷりの塩をふる．焦げるのを防ぎ，美しく仕上がる．

形成される．かまぼこなどの練り製品は，このようにしてできたすり身を加熱したものであり，弾力のあるテクスチャーとなる．

③**小麦粉グルテンの形成促進**：食塩添加により小麦粉のグルテン形成は促進される．小麦粉に食塩水を加えてこねた麺は粘弾性が高くなる．

(5) **防腐作用**　肉，魚，野菜を高濃度の食塩または食塩水につけると，食品中の水分は脱水され，水分活性が低下し，微生物の繁殖を抑制する．これを利用した塩蔵は古くから行われている食品の保存方法である．

C. 酢

a. 酢の種類と特性

酢は人間が初めてつくり出した調味料といわれているだけに，その歴史は古く，種類も多岐にわたっている．酢(vinegar)の語源はフランス語(vinaigre：ビネーグル)のvin（ワイン）とaigre（酸っぱい）に由来するとされているように，酢はアルコールが酸敗したもので，4〜5%の酢酸を主成分とする酸性調味料である．しかし，酢には酢酸以外の有機酸やアミノ酸などさまざまな成分が含まれており，原料によってその組成はかなり異なり，それぞれ独特の香りや味がある．製造方法によっては，醸造酢と合成酢に分けることができるが，調理に使われるものは，ほとんどが醸造酢である．酢酸菌のはたらきを利用して酢酸発酵させた醸造酢は原料や

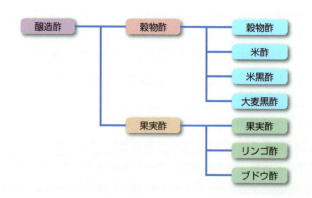

図 6.21　醸造酢の分類

使用量によって図6.21に示すように分類される．

b. 酢の調理性

酢の酸味を利用する場合と，強い酸としての性質を利用する場合がある．

(1) 酸味調味料としての酢　酸味は，一般的に動物の本能からいうと，腐敗したものであり，好まれる味ではない．むしろ，生命保存から考えると遺棄(いき)すべき味である．しかしながら，私たち人間は酸味をさわやかな味，さっぱりした味

表6.28 合わせ酢一覧
（目安量は4人分）

合わせ酢の種類	酢	塩	醤油	砂糖	その他の材料	合う材料
二杯酢	大2〜3	小1/2〜1	大1〜2		だし大1〜2	カキ，赤貝，生の魚介類，モズク
三杯酢	大2〜3	小1/2〜1	大1〜2	大1〜2	だし大1〜2	下ゆでした魚，野菜，海藻
加減酢	大2〜3	小1/2〜1	少々	大1〜2	だし大3	アジ，コハダ，シラウオ，エビ，ウド
甘酢	大2〜3	小1/2〜1		大2		ダイコン，カブ，レンコン，筆ショウガ
酢味噌	大2〜3			大1〜2	味噌大3，みりん少々	貝類，イカ，ワカメ，ウド
からし酢	大2〜3	少々			カラシ小1	蒸し鶏，野菜
からし酢味噌	大2〜3			大1〜2	味噌大3，カラシ小1，みりん少々	野菜，魚介類，蒸し鶏，ゆで豚
ごま酢	大2〜3	小1/2〜3/4		大1〜3	白ゴマ大3，みりん少々	酢じめ魚介類，ゴボウ，ズイキ
みどり酢	大2〜3		大2	好みに応じて	みりん大1，キュウリのおろしたもの(1/2本分)	貝類，シラス干し，キュウリ，トマト，ウド
黄身酢	大2〜3	小1/2		大1	だし小1，卵黄2個分	イカ，エビ，カニ，貝類，キュウリ
梅肉酢	大1〜2		小1		梅干し裏ごししたもの大1，酒少々	チリ，湯引き魚，野菜
土佐酢	大2〜3		大1〜2	(大1)	かつおだし大1	魚介類，タケノコ，フキ，ヤマイモ，山菜
みぞれ酢	大2〜3	小1/2〜1	大1〜2	(大1〜2)	大根おろし大1〜2	カキ，イクラ，エダマメ，なめ茸
しょうが酢	大2〜3	小1/3		(少々)	だし大2，ショウガ小1/3〜1/2	蒸し鶏，野菜
わさび酢	大2〜3	小1/3			だし大2，ワサビ小1/3〜1/2	魚介類，海藻
木の芽酢	大2〜3	少々			木の芽10枚	白身魚，鶏のささみ，ウド
たで酢	大2〜3	少々			タデ葉3〜5g	川魚（アユ，コイ）
吉野酢	大2〜3	小1/2〜1	大1〜2	大1〜2	片栗粉小1/2	白身魚，エビ，キュウリ，蒸し鶏
柚香酢	大2〜3	小1/2〜1	大1〜2	大1〜2	ユズ1/2個	貝類，カブ，黄ギク，キクナ，シメジ，マツタケ
松前酢	大2〜3	小1/2〜1	大1〜2	大1〜2	コンブ2cm角，みりん大1/2	カニ，貝類，切干大根，ニンジン
南蛮酢	大2〜3		大3	大1/2	だし大3，ショウガ少々，赤トウガラシ1〜2本	揚げた小魚，鶏の素焼き

として受け止め，食欲増進に利用している．酢は原料により味や香りが微妙に異なるため，利用目的により，さまざまに使い分けられている．日本でよく用いられている合わせ酢を表6.28に示した．

(2) 酸性調味料としての酢　酢はpH 2.0～3.5という強い酸性を示す．したがって，その性質を利用して次のような使われ方がされている．

①**腐敗を防ぐ**：自然界に生存している多くの微生物はpH 5.0～9.0の範囲でしか生存できない．そこで，酢のもつ強い酸により，微生物の活動や増殖を抑制する（抗菌作用）ことができる．また，場合によっては死滅させることが可能になる．酢を使った料理や酢漬けのもの，すしなどの日もちがよいのはそのためである．

②**寄生虫を殺す**：サバやアジなどの魚の生食によるアニサキス幼虫のヒトへの影響が問題となったが，酢，特に米酢に強い殺虫効果のあることが認められている．魚を酢でしめることは食品衛生上からも効果がある．

③**色をよくする**：天然の食品にはさまざまな色素が含まれている．なかでもアントシアニン系の色素は酸性で美しい赤色を示す．梅干しが赤いのはシソの葉に含まれるシソニンが梅酢によって赤くなることを利用したものであり，イチゴジャムを鮮やかな赤色に仕上げるにはレモン汁を加えるとよい．フラボノイド系色素は酸に安定で白色を示すことから，カリフラワーをゆでる際に酢を入れると，白く美しくゆであがる．しかしながら，緑色の野菜に多く含まれている**クロロフィル**は，酢が作用すると黄褐色の**フェオフィチン**になるので，緑色の野菜を酢で調味するときには食べる直前に行う．

④**褐変を防ぐ**：ゴボウやレンコンの皮をむいて放置しておくと，空気と触れている表面が褐色に変化する．これはフェノール化合物が食品中の酸化酵素である**ポリフェノールオキシダーゼ**などの作用によって変化するためである．これらの食品を酢水につけると，空気が遮断されるとともに，pHが下がることで酵素のはたらきが抑制されるために褐変が防げる．

⑤**タンパク質を変性させる**：かたい肉をマリネにするとやわらかくなるが，これは肉を酢につけることでタンパク質のpHが等電点より低くなり変性することによる．保水性が高まるとともに酸性プロテアーゼの作用を受けやすくなり，タンパク質の分解が起こるためである．また，塩じめした魚を酢漬けにすると，魚肉に独特のテクスチャーが生じ，塩味，酸味，魚肉のうま味が溶け合っておいしくなる．これは筋肉タンパク質のミオシンが，等電点より低いところでは食塩があると不溶化するためである．

⑥**ビタミンCの破壊を防ぐ**：ビタミンCは酸性では安定だがアルカリ性では不安定である．またビタミンCは食品中の酵素（アスコルビン酸オキシダーゼ，ペルオキシダーゼなど）によっても酸化を受ける．したがって，酢を加えてpHを下げると酵素のはたらきが抑制され，ビタミンCの分解が抑制される．

D. 油脂類

a. 油脂の種類と特性

食用油脂には，常温で液体の油(oil)と固体の脂(fat)がある．植物性の油は常温で液体，動物性の脂は常温で固体であることが多い．これは油脂を構成している脂肪酸組成が異なるためで，一般に不飽和脂肪酸が多いものは液体に，飽和脂肪酸が多いものは固体になりやすい（表6.29）．しかし，やし油やパーム油は植物性であるが飽和脂肪酸が多く常温で固体，魚油は不飽和脂肪酸が多く常温で液体である．

食用油脂には，原材料ごとの単一油のほかに調合油や加工油脂がある．代表的な調合油は，精製油を2種類以上調合したサラダ油などである．加工油脂は，原料油脂に水素添加やエステル交換などの加工を行ったもので，マーガリンやショートニングなどがある．

b. 油脂の調理性

(1) 油脂味の付与　油脂は純粋なトリアシルグリセロールのみであれば味はないが，実際にはさまざまな脂溶性成分が溶け込んでおり，調理に用いると，食品に油脂特有の風味となめらかなテクスチャーを与える．バターやオリーブ油，ごま油などは特有の芳香をもち，料理の特色を出すのに役立っている．固体脂の融点は，食感に影響する．融点が体温と同程度かそれ以下であれば，なめらかな口あたりとなり，冷食にも適する．

(2) 高温調理の熱媒体　油脂を熱媒体とすることにより100℃以上の加熱が

表6.29　油脂の脂肪酸含有量

油脂	飽和脂肪酸(mg)			不飽和脂肪酸(mg)		
	ミリスチン酸 (14:0)	パルミチン酸 (16:0)	ステアリン酸 (18:0)	オレイン酸 (18:1)	リノール酸 (18:2)	リノレン酸 (18:3)
大豆油	71	9,900	4,000	22,000	50,000	6,100
とうもろこし油	0	10,000	1,900	28,000	51,000	760
なたね油	78	4,000	1,900	58,000	19,000	7,500
オリーブ油	0	9,800	2,900	73,000	6,600	600
ごま油	0	8,800	5,400	37,000	41,000	310
牛脂	2,200	23,000	14,000	41,000	3,300	170
ラード	1,600	23,000	13,000	40,000	8,900	460
バター	8,300	22,000	7,600	16,000	1,700	280
ショートニング	1,900	31,000	8,200	34,000	11,000	990
マーガリン	1,700	11,000	4,800	38,000	12,000	1,200

注：可食部100g当たりの脂肪酸量(mg)．
　脂肪酸の記号については炭素数：二重結合で表記．

[日本食品標準成分表2020年版(八訂)脂肪酸成分表編]

できる.揚げ物の油の温度は120〜200℃で,材料やその大きさによって異なるが,170〜180℃がよく用いられる.

(3) **疎水性** 油脂は水と混ざり合わないので,食品どうしの接着の防止,防水ができる.サンドイッチのパンにバターやマーガリンを塗り,材料から出る水分がパンに吸収されるのを防ぐ.また,プリン型や天板に油脂を塗り,食品と容器との接着を防ぐ.

(4) **クリーミング性,ショートニング性** バター,マーガリンなどの固体脂を撹拌すると,多数の細かい気泡を抱き込み,なめらかなクリーム状になる.このような性質を**クリーミング性**という.バターケーキ類では他の材料を混ざりやすくし,加熱によって多数の気泡が熱膨張するため,きめが均一で膨らみのよい製品となる.

小麦粉生地に油脂を練り込んだときに,製品にさくさくとした砕けやすい特性(ショートネス)を与える.この性質を**ショートニング性**という.これは油脂の疎水性によってグルテンの形成が妨げられ,さらに焼成時にデンプンの膨潤糊化が抑制されて生地組織が不連続構造となり,もろさが現れるためであり,クッキーやパイなどに利用されている.

c. 油脂の劣化

油脂は一般に**酸化**しやすく,酸化した油脂は不味だけでなく健康障害を起こすことがある.自動酸化では過酸化物が蓄積し,酸化臭がするようになる.油脂を加熱すると熱酸化が起こり,まず過酸化物が生成されるが,蓄積されずに分解または重合が起こって油脂が劣化する.熱酸化により油脂の粘性や泡立ちが増し,着色や加熱臭も発生する.

揚げ油

揚げ油は,調理作業中に高温で空気にさらされており,また材料から流出した成分の影響により**酸化**が促進される.酸化が進むと油脂の重合・分解が起こり劣化する.**劣化油**で揚げると,表面がべたつき,好ましくない揚げ物になる.油の温度が高いほど油の劣化は速いので,揚げ油の温度管理に注意し,揚げかすをこまめにとり除く.揚げ終わったら,キッチンペーパーなどでろ過して揚げかすを除き,空気との接触面積が小さくなるような容器に入れて冷暗所に保存する.

E. その他の調味料

a. 醤油

醤油（濃口醤油）は，大豆（脱脂加工大豆を含む）を蒸したものに炒って砕いた小麦を加え混合し，麹をつくり（醤油麹），食塩水を加え（もろみ），発酵・熟成させてつくる液体調味料で，独特の色，味，香りを呈する．醤油の調理性を次に示す．

①醤油中のアミノ酸と糖が加熱によりメイラード反応（アミノカルボニル反応）を起こし，独特の色と香りを与える．
②魚や肉の生臭みを消すマスキング効果がある．
③醤油中のアミノ酸は，他の調味料と併用するとうま味を相乗的に増強する．
④醤油中の乳酸は，漬物などの食材の塩味をやわらげる緩和効果がある．
⑤加熱調理の際，食塩よりも食材を硬化させる．
⑥香りは長時間加熱により失われるので，香りをいかす場合には，一部を料理の仕上げ直前に加えるとよい．

醤油の種類と食塩相当量を表6.30に示す．

表6.30 醤油の種類と食塩相当量（g/100 g）

濃口醤油	14.5	再仕込み醤油	12.4
薄口醤油	16.0	白醤油	14.2
溜醤油	13.0	減塩醤油	8.3

b. 味噌

蒸煮した大豆に，米，麦，大豆に麹菌が繁殖した麹を加え，食塩を混合し発酵・熟成させた半固形状（ペースト状）の調味料で，米味噌，麦味噌，豆味噌の3種類とこれらを混合した調合味噌に分けられる．味は塩の量や麹歩合（大豆に対する麹の割合）によって味が異なり，甘口，辛口などに分けられ，発酵・熟成過程中に特有の色，香りを呈するようになる．味噌の種類を表6.31に示す．味噌の調理性を次に示す．

表6.31 味噌の種類

原料	味	色	通称	主な生産地
米味噌	甘味噌	白	西京味噌，白味噌，府中味噌，讃岐味噌	近畿地方，広島，香川
		赤	江戸甘味噌	東京
	甘口味噌	淡色	相白味噌，中辛味噌	静岡，淡路，福島，九州
		赤	御膳味噌	徳島，その他
	辛口味噌	淡色	信州味噌，白辛味噌	関東甲信越，北陸，全国
		赤	仙台味噌，佐渡味噌，津軽味噌，越後味噌	関東甲信越，東北，全国
麦味噌	甘口味噌		田舎味噌	九州，四国，中国
	辛口味噌		田舎味噌	九州，四国，中国，関東
豆味噌	辛口味噌	赤	八丁味噌，三州味噌，名古屋味噌	中京地方

①緩衝能が強い．
②魚や肉の生臭みを味噌中のタンパク質が吸着し，味噌の香りとあわせて食材を食べやすくする．
③味噌中の抗酸化物質の作用で，食材の酸化されやすい成分の酸化を防ぐ．
④肉，魚などを味噌で漬け込むと味噌の風味が付与されるのに加え，保存性が増す．
⑤半固形状なので練り味噌，合わせ味噌として用いることができる．
⑥長時間加熱すると，味噌の風味，香りが損なわれる．

c. みりん・酒類

(1) みりん　本みりんは蒸したもち米に米麹を加えてアルコール存在下で糖化させたもので，酒税法では酒類に分類されるが，主として調味料として用いられる．約13～14%のアルコール分と40～50%の糖類を含み，熟成過程においてみりん独特の香り，味を呈する．みりんの調理性を次に示す．

①みりん中の糖分，アミノ酸などの作用で甘味やうま味，照りやつやを付与する．
②加熱調理の際，**メイラード反応**（アミノカルボニル反応）を起こし，独特の焼き色と香りを与える．
③粘稠性を与える．
④酸味，塩味などの緩和作用をもつ．
⑤アルコール分などが魚の生臭さをマスキングする効果がある．
⑥アルコール分が味の浸透を促進させる．
⑦煮くずれを防ぐ．
⑧保存性を高める．

(2) 酒類　日本では，アルコール度数1%以上の飲み物は「酒類」と酒税法で定めている．酒類の分類は，①製造方法による分類と，②酒税法による分類がある．製造方法では醸造酒，蒸留酒，混成酒に分けられる（p.148参照）．酒税法では4種類に大別される．調理に用いられる酒類の種類を表6.32に示す．酒類の調理性を次に示す．

①調味料の食材への浸透を速める．
②味に甘み，コクを付与し，照り，つやをよくする．
③料理への香りづけや，魚，肉などの生臭みを消すマスキング効果がある．

煮きりみりん

みりん中の高濃度のアルコール分が料理の味を損ねる恐れのある場合には，あらかじめみりんを加熱してアルコール分を除いたもの（煮きりみりん）を用いる．

表6.32 調理に用いられる酒類の種類

製造法	種類	アルコール(%)	用途
醸造酒	清酒	15～17	煮込みなど
	ワイン	12	菓子，煮込みなど
	ビール	4～5	煮込みなど
	紹興酒	13～17	煮込みなど
蒸留酒	ブランデー，ラム，キルシュワッサー，ウイスキー	39～45	菓子
混成酒	リキュール類	15～35	菓子

④防腐効果がある．
⑤食材のテクスチャーをよくする．

d. うま味調味料

うま味調味料は，グルタミン酸，イノシン酸，グアニル酸などのうま味成分を食材に付与する調味料をいう．一般調理用のうま味調味料の分類を表6.33に示す．うま味調味料の調理性を次に示す．

①調理の際，食材に加えることで食材そのもののうま味を相乗的に増強する．しかし，過剰の添加は食材の味を損ねる．
②味にコク，まろやかさを付与する．
③うま味を増強することで，塩分の使用量を控えることができる．
④水に溶けやすいので，調理に利用しやすい．

表6.33 うま味調味料の分類

種類	うま味調味料	原材料名	用途
単一調味料	アミノ酸系	グルタミン酸ナトリウム	業務用
	核酸系	イノシン酸ナトリウム	
		グアニル酸ナトリウム	
		リボヌクレオチドナトリウム*	
複合調味料（アミノ酸系と核酸系の混合）	低核酸系	主はグルタミン酸ナトリウムで，リボヌクレオチドナトリウムを1～2.5%配合	家庭用
	高核酸系	主はグルタミン酸ナトリウムで，リボヌクレオチドナトリウムを6～12%配合	

*「リボヌクレオチドナトリウムは，イノシン酸ナトリウムとグアニル酸ナトリウムの混合物である．

e. 風味調味料

風味調味料は，調味料（アミノ酸等）および風味原料に糖類，食塩等を加え乾燥し粉末状，果粒状などにしたものであって，調理の目的に合わせて簡便に香りおよび味を付加する調味料である．風味原料として，節類（鰹節等），煮干魚類，コンブ，貝柱，乾燥シイタケなどの粉末または抽出濃縮物が用いられる．前述のうま味調味料はうま味だけを付与するが，風味調味料は風味原料により，手軽にうま味，香り，コク，風味のあるだしが得られる．製品の形態には粉末状，顆粒状，

液体状などがある．塩分が38%程度含まれるので，調味の際には注意が必要である．

f. ソース

ソースは液体調味料の総称で，広い意味では，醤油，マヨネーズ，ケチャップなどの料理にかけたり，混ぜたりして味を整える調味料をさすが，狭い意味ではウスターソース類をいう．野菜や果実の搾汁，煮だし汁，ピューレなどに糖類，食酢，食塩および香辛料を加えて調製したものである．ウスターソース類には粘度によってウスターソース，中濃ソース，濃厚ソースに区別される．また用途により，お好み焼きソース，焼きそばソースなどもある．食塩を6〜10%，酸度を1〜2%程度含む．

g. トマトケチャップ，トマトピューレ，トマトペースト

(1) トマトケチャップ　濃縮トマトに食塩，砂糖，食酢，香辛料およびタマネギ，ニンニクなどを加えて調味したものをいう．色調，味，粘稠度がトマトケチャップの品質を左右する．

(2) トマトピューレ　トマト果実を裏ごしし，濃縮したもの．ケチャップのように調味料で味付けされていないのでトマトの赤色をいかし各種の調理に用いられ，調味することができる．

(3) トマトペースト　トマトピューレをさらに煮詰めたもの．ソース，煮込み料理などに用いられる．

h. ドレッシング類

ドレッシングは，食用植物油脂と食酢または柑橘類の果汁を主原材料として，食塩，砂糖類，香辛料等を加えて調製し，水中油滴型に乳化した半固体状もしくは乳化液状の調味料または分離液状の調味料のことで，主にサラダに使用するものである．ドレッシングは，JAS法に基づく『日本農林規格(JAS)』と食品表示法に基づく『食品表示基準』で定義されており，表6.34に示すように，半固形状ドレッシング，乳化液状ドレッシング，分離液状ドレッシングに分けられる．このドレッシングに，「ドレッシングタイプ調味料」(食用植物油脂を使用していない，いわゆるノンオイルドレッシング)と加工油脂等を使用した「サラダ用調味料」の2つを含めて，「ドレッシング類」と称している．

表6.34 ドレッシングの種類とJAS規格

規格名		水分	油脂含有率	粘度
半固形状ドレッシング	マヨネーズ	30%以下	65%以上	
	サラダクリーミードレッシング		10%以上50%未満	30Pa・s以上
	半固形状ドレッシング	85%以下		
乳化液状ドレッシング			10%以上50%未満	30Pa・s未満
分離液状ドレッシング				

i. その他の調味料

(1) 中国料理の調味料

①豆板醤（トウバンジャン）：中国料理の代表的な調味料である．ソラマメと唐辛子を主原料とした塩辛い味噌をいう．料理に辛味と特有の風味を与える．四川料理（麻婆豆腐，エビのチリソース炒めなど）には欠かせない調味料である．

②甜麺醤（テンメンジャン）：小麦粉を原料に発酵させた甘味噌で，烤鴨子（カオヤーツ）（北京ダック）に使う味噌として有名である．

③牡蠣油（オイスターソース）：牡蠣の煮汁を加熱濃縮した調味料．カキ中のうまみが料理に風味とコクを与える．主に広東料理（炒め物など）に用いられる．

(2) 韓国料理の調味料

唐辛子味噌（コチュジャン）：大豆麹の粉に，飯や餅粉，粉唐辛子，塩を加えて発酵させた調味料．トッポッキ，ビビンバ，冷麺などに用いられる．酢を入れるとチョコチュジャンと呼ばれる調味料になる．

(3) 東南アジアの調味料

魚醤（ぎょしょう）：魚醤油（うおしょうゆ）ともいう．東南アジアの料理に用いられ，魚介類を高濃度の食塩とともにつけ込み，酵素作用で魚体のタンパク質が分解され液状化したものをいう．アミノ酸やペプチドからのうま味を多く含んでおり，特有のにおいがある．種類としては，タイのナムプラー，ベトナムのニョクマム，中国のユイルー，韓国のエクジョなどがある．日本にはしょっつる，いしるなどがある．

日本の魚醤油（しょっつる，いしる）

生の魚介類に食塩を加え（なかには麹や酒粕も加えるものもある），腐敗を抑制しながら自己消化酵素によってタンパク質を分解して発酵・熟成してつくられる醤油である．秋田県の沿岸地域ではハタハタを主な原料とした「しょっつる」，石川県の能登半島ではイカの内臓を主な原料とした「いしり」やイワシやサバを主な原料とした「いしる」，香川県ではイカナゴを主な原料とした「いかなご醤油」がつくられている．2000年に入ってからは，北海道で獲れたサケに醤油麹と食塩を加えて高温分解し熟成させた鮭醤油がつくられるようになった．

6.5 香辛料

　一般には植物の葉，茎，果実，花，蕾（つぼみ），樹皮，種子，根塊などの生鮮品または，乾燥品およびその粉末のことをいう．また，香辛料は特有の香り，味，色を呈し，矯臭（におい消し），賦香（香りづけ）を行って食べ物の風味を増大し，辛みなどの刺激の付加や着色により食欲を増進させる作用を有するものの総称である．さらに，抗菌作用や抗酸化作用を示すものもある．草本植物の花蕾，茎葉から調製されるものを**ハーブ**（香草）として区別して呼び，これ以外のものを**スパイス**（香辛料）と呼ぶこともあるが，ここではまとめて香辛料と呼ぶ．香辛料の基本作用と成分，主な料理は表6.35のとおりである．

　前述以外にもブレンドスパイスと呼ばれるものがあり，代表的なものとして

(1) ブーケガルニ　　ブーケ，香草束ともいう．香味野菜と香辛料を数種類束ねたもの．シチューなど煮込みやソースをつくるときに用いる．一般的にはセロリ，セージ，タイム，ローリエ，パセリなどが使われる．

(2) チリパウダー　　唐辛子（チリ）にオレガノ，ディルシードなどを入れて粉末にしたもの．メキシコ料理のタコス，チリコンカーンに不可欠である．ひき肉料理によく合う．

(3) カレーパウダー　　20〜30種類のスパイスを混合．色を主体としたターメリック，パプリカ，香りを主体としたコリアンダーやナツメグ，辛みを主体とした唐辛子，辛子などがブレンドされる．香り高いカレー料理に欠かせない．

(4) ガラムマサラ　　基本材料はカルダモン，シナモン，クローブで，ほかにクミンやコリアンダーなどを混ぜてすりつぶしたもの．インド料理によく使われる．煮込み料理の仕上げに加えると風味が増す．

(5) 五香粉（ウーシャンフェン）　　桂皮（シナモン）・八角（スターアニス）・茴香（フェンネル）・花椒（ホアジャオ）・丁字（クローブ）などの5種類のスパイスを混合したもの．中国料理に欠かせない香辛料である．煮込み，揚げ物料理に使用することが多い．

(6) 七味唐辛子　　日本の代表的なスパイスである．唐辛子・山椒（さんしょう）・麻の実・陳皮（ちんぴ）・青のり・ゴマ・ケシの実などの7種類を混合したもの．

などがある．

　また，スパイスを加えるタイミングは，①下ごしらえのとき，②調理中，③仕上げのときと分かれるが，スパイスの香りをマイルドにしたいときや，肉や魚の臭みをとりたいときは早い段階で，スパイスの香りを十分に楽しみたいときは仕上げの段階で用いるとよい．

表6.35 香辛料の作用・成分と料理

基本作用	名称	成分	主な料理
香りをつける	シナモン	シンナムアルデヒド, 桂皮アルデヒド	フレンチトースト, アップルパイ
	オールスパイス	オイゲノール	ハム, ソーセージ, ラザニア, ハンバーグ
	ディル	α-フェランドレン	魚料理, ピクルス, パイ料理
	ペパーミント	シネオール, メントール	ミントゼリー, キャンディー
	スターアニス	アネトール	中国風豚の煮込み, 鴨の煮汁
	クミン	クミンアルデヒド	キーマカレー, チーズ料理, 肉料理, ソーセージ
	マジョラム	カンファー, ボルネオール	ピザ, ラタトゥイユ
	エストラゴン(タラゴン)	エスタゴール	ツナサラダ, ローストチキン, サーモン料理
	バジル	メチルチャビコール	スパゲッティ, ピザ, ラザニア
	ナツメグ	ピネン, サフロール	ハンバーグ, スパゲッティミートソース
	フェンネル	アネトール, フェンコン	ドレッシング, 魚料理, フィッシュスープ
	バニラ	バニリン	プリン, チョコレート, アイスクリーム
	カルダモン	テンピネオール, シネオール	カレー, フルーツサラダ
	ポピーシード		パン, ケーキ
臭みをとる	ガーリック	ジアリルジスルフィド	ステーキ, エスカルゴの料理, 餃子
	セージ	ツヨン	イタリア料理, ソーセージ, ミートローフ
	ベイリーブス	シネオール	スープ, シチュー, カレー, ミートソース
	クローブ	オイゲノール	ハム, ソーセージ, シチュー
	コリアンダー	リナロール, テンピネオール	アラビア料理, メキシコ料理, カレー
	タイム	チモール, リナロール	クラムチャウダー, トマト料理, コロッケ
	ローズマリー	シネオール	ラム・チキン料理, ボイルドポテト
	キャラウエイ	カルボン, リモネン	焼きリンゴ, アップルパイ, パン, ケーキ
	オレガノ	チモール	イタリア料理, トマト料理, オムレツ, ピザ
辛みをつける	しょうが	ジンゲロール, ショウガオール	日本料理, 鍋料理, 天ぷらの薬味
	コショウ(ペッパー)	ピペリン, チャビシン	肉料理, 魚料理, 野菜料理
	からし(マスタード)	アリルイソチオシアネート	おでん, 納豆, ホットドッグ, サンドイッチ
	山椒(さんしょう)	サンショオール	焼き鳥, うなぎ, 吸い物
	ワサビ	アリルイソチオシアネート	刺身, 寿司
	赤唐辛子(チリペッパー, レッドペッパー, カイエンペッパー)	カプサイシン	韓国料理, 東南アジア料理, メキシコ料理
色をつける	サフラン	クロシン	パエリア, ブイヤベース, サフランライス
	クチナシの実	カロテノイド色素	栗きんとん, 炊き込みご飯
	パプリカ	カロテノイド色素	ハンガリー料理, サラダ, ドレッシング
	ターメリック	クルクミン	カレー粉, 炒め物, たくあん漬け
	パセリ	クロロフィル	タルタルソース, ビネグレットソース

6.6 加工食品（乾物などの保存食品を含む）

　加工食品とは，農産物や畜産物，水産物を原料としてさまざまな調理・加工を行い，製造された食品のことである．古くから常温での保存性を高めることを目的として，乾燥や塩蔵（塩漬け），糖蔵（砂糖漬け），酸蔵（酢漬け），燻煙（燻製）などが行われてきた．近年では，調理済み食品や半調理済み食品，健康志向から塩蔵や糖蔵でも低濃度の食品がつくられるようになり，これらのなかには冷蔵や冷凍保存が必要なものもある．また，加熱殺菌により常温で保存性の高い缶詰やびん詰，レトルトパウチなどの方法がある．ここでは調理でよく用いられるものと，保健機能食品，特別用途食品について述べる．

A. 乾燥食品

　食品を乾燥させ，水分活性を低くして保存性を高めたものである．乾燥方法としては天日乾燥や風乾，凍結乾燥，フライ，減圧フライなどがある．古くから干しわかめ，昆布，煮干し，干ししいたけ，切り干し大根などが天日乾燥や風乾，凍り（高野）豆腐，凍りこんにゃく，寒天などが凍結後風乾させることによってつくられてきた．これらの多くは，水戻しなど軟化処理後に調理を行う必要がある．ただ，近年では天日乾燥よりも送風機で温風を送る温風乾燥が多くなっている．また，調理の簡便化から水で戻さず調理にそのまま用いることのできるカットわかめや凍り豆腐などがつくられている．

　また，水分を蒸発させるために油で揚げるフライや減圧下で低温フライを行う減圧フライという方法がある．フライではポテトチップスやフライ麺（インスタント麺やカップ麺）など，減圧フライでは野菜や果物のチップスなどがつくられている．さらに，真空凍結乾燥（フリーズドライ）や噴霧乾燥（スプレードライ）といった方法が開発されている．これらの手法で製造された食品は湯を加えるだけで食することができ，スープやみそ汁，インスタントコーヒーなどがつくられている．

B. 調理済み食品

　食品を加熱調理したもので，そのままもしくは温めるだけで食べることができる食品のことであり，弁当や惣菜も含まれる．冷蔵や冷凍保存が必要なものや，常温で保存できるものがある．パッケージの方法としては弁当や惣菜などはポリスチレン樹脂製などのフードパックなどが使用され，ほかには缶詰，びん詰，レトルトパウチや真空包装がある．

C. 半調理済み食品

さらに加熱調理が必要な加工食品である．調理の簡便化が可能であり，種類も豊富に販売されている．

D. 缶詰・びん詰食品

食品を缶またはびんに詰めて密閉後，加熱殺菌を行った食品のことで，常温で長期間保存が可能である．缶詰には従来型の汁液を満たしたパッキングと汁液を満たさず充填したドライパックがある．ドライパックには水煮にされた豆類やヒジキ，スイートコーンなどがある．

表6.36に示すように，そのまま食べられる調理済みのものや料理の素材として利用できるもの，調味料などがある．

なお，缶詰・びん詰食品には保存料や殺菌料を使用してはならないと食品衛生法で定められている．

表6.36 主な缶詰・びん詰製品

缶詰	水産物		カニ（脚肉・ほぐし身），イワシ（油漬・味付），サバ（水煮・味付），ツナ（油漬・水煮），サケ（水煮），アサリ（水煮），ホタテ貝（水煮），イカ（味付）
	畜産物		コンビーフ，ソーセージ，牛肉大和煮，焼き鳥，うずら卵水煮
	農産物	果物（シロップ漬）	ミカン，桃（白桃・黄桃），パインアップル，混合果実
		野菜（水煮など）	マッシュルーム，ホワイトアスパラガス，スイートコーン，トマト（水煮・ケチャップ・ピューレ）
		豆類	大豆（水煮），ゆであずき
	調理食品		スープ（コーンスープ・クラムチャウダー），ソース（パスタソース・デミグラスソース），米飯（白飯・赤飯），菓子類（水ようかん，プリンなど）
びん詰	水産物		海苔佃煮，鮭フレーク，粒うに（塩・アルコール），かにみそ
	畜産物		鶏そぼろ，肉そぼろ
	農産物	果物	イチゴジャム，ブルーベリージャム，マーマレード，栗甘露煮
		野菜	なめたけ，シイタケ（旨煮，含煮），ホワイトアスパラガス（水煮），オリーブ（水煮）
	調理食品		五目寿司の種，粒マスタード，マヨネーズ，ベビーフード

E. レトルト食品

レトルト食品とは気密性，遮光性のある容器に密封して加圧加熱殺菌をした食品の総称で缶詰を含むが，一般には**レトルトパウチ食品**の略称として用いられている．

レトルトパウチ食品とは，食品表示基準で「プラスチックフィルムもしくは金

属箔又はこれらを多層に合わせたものを袋状その他の形状に成形した容器（気密性及び遮光性を有するものに限る.）に調製した食品を詰め，熱溶融により密封し，加圧加熱殺菌したものをいう」と定義されている．

　ここでいう「レトルト」とは100℃以上の高温で加熱処理が可能な高圧釜，「レトルトパウチ」とは本来はこのうちの袋状のものをいう．また，多層のフィルムはラミネートフィルムと呼ぶ．なお，アルミニウムのような金属箔を用いた容器は，気密性や遮光性が高く，保存性がよくなるが，そのまま電子レンジで加熱することはできないため，皿など耐熱性の器に移す必要がある．

　そこで，金属箔を用いずに気密性，保存性の高いフィルムや加熱時に発生する袋内の蒸気を抜くことができる技術が開発されたことから，そのまま電子レンジにかけられるレトルト食品も多くなっている．しかしながら，これらは遮光性のない容器であるため食品衛生法によりレトルトパウチ食品とは表示できない．

　市販食品には，カレーやスープ，麻婆豆腐のもとなどさまざまなものがある．

F. 冷凍食品

　食品を低温で急速に凍結させたもので，生産から販売まで−18℃以下で管理されている．購入後も冷凍庫で保管することで保存性が維持されるため，必要な量だけ使用し，残りを保存しておくことが可能である．凍結前に，非可食部がとり除かれて加熱処理されているものは解凍せずにそのまま調理に利用できる．また，手間のかかる下処理が行われているものがあり，蒸し，揚げ，焼き加熱を行うだけで食べられるものもある．これらは半調理済み食品であり，ほかには解凍するだけで食べられる調理済み食品もある．

G. インスタント食品

　保存性が高く，短時間の加熱調理のみで食べられるように加工された食品のことである．即席麺（インスタント麺）だけではなく，缶詰やレトルト食品，フリーズドライ，冷凍食品もインスタント食品に含まれる．米飯（白飯，赤飯など）やカレー，牛丼などのどんぶりの具，スープ，みそ汁，加熱調理済みのハンバーグなどさまざまな食品がある．

H. その他

a. 保健機能食品

（1）特定保健用食品　　特定保健用食品（条件付き特定保健用食品を含む）とは，からだの生理的機能などに影響を与える保健機能成分を含み，血圧や血中のコレステロールを正常に保つことを助けたり，おなかの調子を整えたりするのに役立つなど，食生活において特定の保健の目的が期待できることを表示できる食品である．

「特定保健用食品」として販売するには，その有効性や安全性等について国の審査を受け，個別に消費者庁長官の許可を受けなければならないことが健康増進法で定められている．特定保健用食品には，疾病リスク低減効果が医学的・栄養学的に認められているものに対して表示を認められた「疾病リスク低減表示」や，科学的根拠が蓄積されている成分について定められた規格基準に適合するかどうかを審査された「規格基準型」も含まれる．「条件付き特定保健用食品」は，特定保健用食品の審査で求められる科学的根拠のレベルには届かないものの，一定の有効性が確認できる食品について，その旨の表示を行うことを条件として認められたものである．許可を受けた食品については，個々に特定保健用食品や条件付き特定保健用食品の許可証票（図6.22）がつけられている．

(2) 栄養機能食品 ビタミンやミネラルのような身体の健全な成長，発達，健康の維持に必要な栄養成分の補給のために利用される食品である．「栄養機能食品」として販売するには，含まれる栄養成分の機能が科学的根拠に基づいていることや，その食品の一日当たりの摂取目安量に含まれる栄養成分量が，定められた上限・下限値を超えてはならないなどの決まりがある．機能の表示とともに定められた注意事項などを適正に表示しなければならないが，国への申請や届け出の必要はない．

(3) 機能性表示食品 科学的根拠に基づいた機能性が，事業者の責任において食品に表示されたものである．販売前に食品の安全性や機能性について消費者庁長官への届け出が必要であるが，特定保健用食品とは異なり，個別の許可を受けたものではない．

b．特別用途食品

乳児や幼児，妊産婦，病者などの発育，健康の保持・回復などに適するという特別の用途について表示し，販売される食品である．「特別用途食品」として販売

図6.22 特定保健用食品（条件付き特定保健用食品）の許可証票

 特定保健用食品（疾病リスク低減表示・規格基準型を含む）

 条件付き特定保健用食品

図6.23 特別用途食品許可証票

 特別用途食品

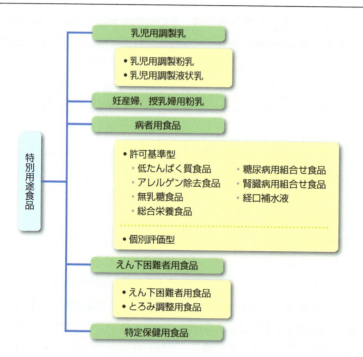

図6.24 特別用途食品の分類

するには，個別に消費者庁長官の許可を受けなければならないことが健康増進法で定められている．許可を受けたものについては特別用途食品の許可証票(図6.23)がつけられている．区分には**乳児用調製粉乳**や**妊産婦・授乳婦用粉乳**，**病者用食品**（アレルゲン除去食品や低たんぱく質食品など）や**えん下困難者用食品**がある．なお，前述した特定保健用食品はこの特別用途食品制度と保健機能食品制度の両方に位置づけられている(図6.24).

6.7 嗜好飲料

A. 茶

　チャノキ（チャ）の樹はツバキ科の多年性植物で，緑茶，紅茶，ウーロン茶も茶の樹の新芽を摘んで加工したものだが，加工方法が異なっている．茶は，茶葉に含まれる水溶性成分を溶出し，味，香り，浸出液の色などを味わう．茶の樹から製造方法の違いにより，次のような茶ができる．

不発酵茶(緑茶)
　　蒸し製：玉露，碾茶(抹茶)，かぶせ茶，煎茶，玉緑茶，番茶
　　釜煎り製：釜炒り玉緑茶・中国緑茶
半発酵茶：烏龍茶(ウーロンチャ)，包種茶(パオチョンチャ)
発酵茶：紅茶

(1) 緑茶（Green tea）　　茶葉中の酸化酵素を不活性化させ，茶葉の色を緑色に保たせながら青臭みをとり除くために蒸気でまんべんなく蒸す．その後，冷却，揉捻(じゅうねん)(茶葉に捻れを与えて茶葉の組織を破壊し，空気に触れさせて酸化発酵を促し，形を整える作業)，乾燥して用いられる．

　茶を入れたときの溶出成分は，苦味や渋味の**タンニン**（**カテキン**），うま味の**アミノ酸**（**テアニン**），苦みの**カフェイン**，糖などが主な成分である．茶葉中には形の異なる4種類のカテキン(エピカテキン，エピガロカテキン，エピカテキンガレート，エピガロカテキンガレート)が存在している．

　抽出の際，低温ではうま味，甘味の成分が出やすく，高温では香り，苦味，渋味の成分が抽出されやすい．

(2) ウーロン茶（Oolong tea）　　生葉を日光に当てるなどしてしおれさせ(萎凋(いちょう))，酸化酵素を若干働かせたのち，釜煎りし揉捻をしてつくる．茶葉の製造過程でリナロール，ゲラニオール，ジャスミンラクトンなどの香りが生成される．

(3) 紅茶（Black tea）　　生葉に含まれている水分の約半分をとり除き(萎凋(いちょう))，茶葉に捻れを与えて茶葉の組織を破壊し，空気に触れさせて酸化発酵を促し，形を整える作業(揉捻)をし，その後，発酵，乾燥させたもの．抽出成分は，主に**タンニン**や**カフェイン**で，洋酒やレモンを加えることにより香りがひきたつ．また，レモンを長く入れておくと，色素（**テアフラビン**）の色が薄くなる．紅茶をゆっくり冷ますとタンニンとカフェインの化合物が析出して濁る現象が起こるが，これを**クリームダウン**という．

　世界的に有名な産地は，インド，ケニア，スリランカ，中国で，インドではダージリン，アッサム，ニルギリが，スリランカではウバ，ヌワラエリア，ディンブラが，中国ではキーモン，ラプサンスーチョンが代表的な銘柄である．

　茶の浸出条件を表6.37に示す．

表6.37　茶の浸出条件

茶　種	分量(1人分g)	湯の量(mL)	湯の温度(℃)	浸出時間
玄米茶，ほうじ茶	2	100	100	30秒
煎茶	2	100	80	30秒
玉露	3	50	60	2分
ウーロン茶	2〜3	150	100	2〜3分
紅茶	2.5〜3	150	100	1.5〜3分

B. コーヒー

コーヒーはアカネ科の常緑樹で，主なものはアラビア種，ロブスタ種である．中南米，東南アジア，アフリカなど赤道を中心にした南北緯25°間のコーヒーベルトといわれる地域で栽培される．産地，焙煎方法，ひき方，抽出方法の違いが香り，酸味，苦味，コクなどに影響を及ぼす．コーヒーの味を特徴づける苦味の主な成分は**カフェイン，タンニン**で，**クロロゲン酸**が含まれている．

抽出方法としては，ドリップ，パーコレーター，サイフォン式などがある．ペーパーフィルターでいれる場合，お湯の温度は92～96℃くらいが適温といわれ，コーヒーの分量はカップ1杯分（約140 mL）当たり10～12 gが目安である．

C. アルコール飲料

酒税法において「酒類」とはアルコール分1％以上の飲料のことをいう．食前，食中，食後に飲用され，料理の味を引き立て，消化を助けるなどの役割を果たす．

製造方法の違いにより，**醸造酒，蒸留酒，混成酒**に分けられる．

(1) 醸造酒 原料をそのままあるいは糖化した後，発酵させてつくった酒．そのまま，ろ過して飲む．アルコール分が低い，エキス分が高いなどの特徴がある．清酒，果実酒（ワイン・リンゴ酒），ビールなどがある．

(2) 蒸留酒 デンプン質原料を糖化，発酵，蒸留したもの，あるいは糖を含む原料を発酵，蒸留したもの．アルコール分が高いので変質しにくく，貯蔵に耐える．風味は淡泊だが香りがよい．ウイスキー，ジン，ウオッカ，焼酎，泡盛，ブランデー，ラム酒，キルシュワッサーなどがある．

(3) 混成酒 再製酒ともいわれ，蒸留酒に種々の着色料や香料，草根木皮浸出物，甘味料，調味料などを加えて香りや味を浸出させたもの．みりん，白酒，紅酒，薬酒類，ベルモット，キュラソー，ペパーミントなどがある．

①**清酒（日本酒）**：米を原料とする日本の伝統的醸造酒である．アルコール度数は15～16％のものが多い．酒税法ではアルコール分22度未満と定められている．吟醸酒，純米酒，本醸造酒，また土地の気候や水や米をいかした方法で固有の技術で造られた地酒なども人気である．

②**ビール**：大麦麦芽，ホップ，酵母，水を原料として造られる発泡酒である．米，トウモロコシ，デンプンを副材料として用いることもある．世界各地で造られ，国や地方によって特有のものがある．ビールの苦味と芳香はホップからくる**フムロンとイソフムロン**によるものである．清涼感を与えるのは発酵によってできた二酸化炭素で，季節にもよるが4～8℃くらいの温度で飲むのがおいしい．アルコール度数は4～8％である．

③**ワイン**：世界における生産量は，フランス，イタリアが多いが，ニューワール

ドと呼ばれるアメリカ，オーストラリア，アルゼンチン，チリ，南アフリカなどでも生産されている．アルコール度数は7～14％である．ワインの主な特徴は次のとおりである．

赤ワイン：黒ブドウや紫，赤などの色のついたブドウを使い，果汁といっしょに皮，種子も入れたまま発酵させる．辛口が多く，軽いタイプからコクのあるタイプまでさまざまある．果皮からのアントシアン系色素，種からのタンニンなどの成分を含むため，風味は複雑である．

白ワイン：一般的には白ブドウを原料として用いる．圧搾して得られた果汁のみを発酵させる．甘味と酸味のバランスから味わいは成り立っている．辛口から甘口まで幅広い味わいが楽しめる．

ロゼワイン：黒ブドウなどを使い，ブドウの果汁，皮，種をいっしょに発酵させる．発酵液がピンク色になったら皮や種をとり除き，さらに発酵を続ける．甘口のものから辛口のものまで幅広い味わいがある．

ワイン樽

ワインを醸造するときの発酵・熟成に使われるのが木樽である．木樽に使われる主な木は，フレンチオークとアメリカンオークで，造るワインにどのような風味をつけるかによって選ばれている．オークは特徴的な構造をもち，液体を漏らしにくいこと，タンニンの含量が多く，虫や微生物によるダメージを受けにくいこと，かたく丈夫でありながら加工がしやすいこと，という特性をもち，長期間のワイン保蔵に向いている．オーク樽は内側を焼いて焦げめをつけて使用する．その焼き加減もワインの味に影響を与える．ワインの熟成には木樽のほかに，ステンレスタンクやコンクリートタンクなども使用されている．

D. その他（果実飲料・アイソトニック飲料・ミネラルウォーター類）

(1) 果実飲料　　果実飲料は日本農林規格（JAS）で規定され，濃縮果汁，果実ジュース，果実ミックスジュース，果粒入り果実ジュース，果実・野菜ミックスジュースおよび果汁入り飲料などがある．

①**濃縮果汁**：果実の搾汁を濃縮したもの，もしくはこれに果実の搾汁，果実の搾汁を濃縮したもの，還元果汁を混合したもの，またはこれらに砂糖類，蜂蜜等を

加えたもの.

②**果実ジュース**：1種類の果実の搾汁，もしくは還元果汁またはこれらに砂糖類，蜂蜜等を加えたもの.

③**果実ミックスジュース**：2種類以上の果実の搾汁もしくは還元果汁を混合したものまたはこれらに砂糖類，蜂蜜等を加えたもの.

（2）**アイソトニック飲料**　一般的にはスポーツ飲料と呼ばれ，各種ビタミン類，有機酸，糖類，無機質(ナトリウム，カリウム，カルシウム，マグネシウムなど)が含まれており，体液と同程度の浸透圧に調整され，運動時の水分，塩分の補給に適している.

（3）**ミネラルウォーター類**　容器入り飲用水の品質表示ガイドラインがあり，ナチュラルウォーター，ナチュラルミネラルウォーター，ミネラルウォーター，飲用水またはボトルドウォーターに分類される.

ミネラルウォーターの種類と品質表示例

名　　称	原　　水	処理方法
ナチュラルウォーター	特定の水源から採水された地下水	沈殿，ろ過，加熱殺菌
ナチュラルミネラルウォーター	ナチュラルウォーターのうち，地中でミネラル分が溶解した地下水	
ミネラルウォーター	ナチュラルミネラルウォーターに同じ	沈殿，ろ過，加熱処理のほか，ミネラル分の調整，曝気（水を空気にさらして液体に空気を供給すること），オゾン・紫外線殺菌，複数のナチュラルミネラルウォーターの混合
ボトルドウォーター	飲料に適した水（純水，蒸留水，河川の表流水，水道水）	処理方法：限定されていない

- ●名　　称：ナチュラルミネラルウォーター
- ●原材料名：水（鉱水）
- ●採 水 地：長野県○○郡○○村
- ●内 容 量：500 ml
- ●賞味期限：キャップに記載
- ●保存方法：高温，直射日光を避けて保存してください。
- ●販 売 者：株式会社○○　千葉県○○市・・・

7. 安全な食事を供するには

7.1 食中毒の予防

　1日3回，毎日食べる食事だからこそ，その安全性を確保することは非常に重要である．食の安全性は，素材から流通・加工・保存・調理・供食に至るあらゆる段階において考える必要がある．まず，素材の安全性では，素材そのものが毒をもっている場合や，生育環境による汚染，残留農薬など人為的に汚染されることもある．流通・加工・保存過程では，細菌などによる汚染や異物の混入，食品添加物，加工により生成される有害物質等により安全性に問題が生じる場合がある．

　厚生労働省が発表する食中毒発生状況によると，令和5年の食中毒発生件数は1,021件，患者数は11,803人，原因物質としては**細菌性**と**寄生虫性**の食中毒が多く，全体の約8割を占めている．発生場所としては，飲食店が6割程度を占めるが，約1割は家庭で発生している．

　ここでは家庭内に焦点を当て，食中毒予防のための衛生管理について述べる．家庭での衛生管理の概要を図7.1に示す．

　まずは食品の選択である．生鮮食品は新鮮なものを選び，加工品の場合は消費期限などの日付を確認する．持ち運ぶ場合には，肉汁や魚介類の汁などによって他の食品が汚染されないように注意する．また，冷凍や冷蔵が必要な食品は，最後に購入し，できるだけ早く持ち帰る．特に夏場は，保冷バックを持参したり，店に設置されている保冷剤などを活用するとよい．

　購入した食品は，冷凍庫や冷蔵庫などの適切な場所にできるだけ早くしまう．冷凍庫は−15℃以下，冷蔵庫は10℃以下に設定し，庫内に食品を詰め込みすぎないようにする．肉や魚介類は容器や袋に入れ，ほかの食材に触れないように保

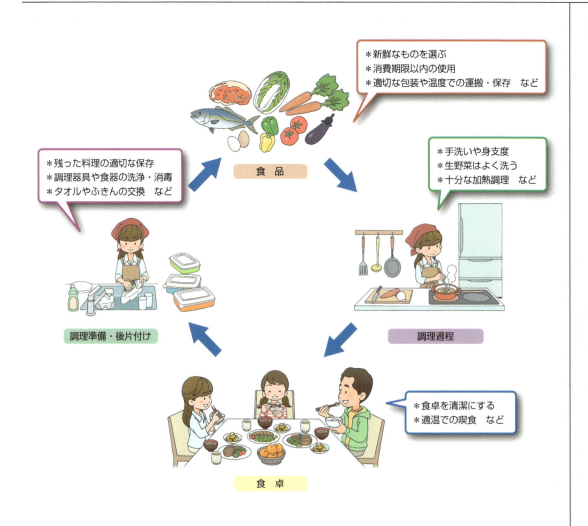

図 7.1 食中毒予防のために気をつけたい家庭での衛生管理

管する．食品は早めに使い切る．消費期限や賞味期限を目安にすることは大切であるが，過信しすぎることは禁物で，腐敗していないか，変なにおいはしないかなど五感を使って判断することも大切である．

　調理をする際には，まず手を石けんでよく洗う（図7.2）．アルコールなどで消毒するとなおよい．手指に化膿創がある場合は調理をしないことが望ましいが，やむをえない場合は，手袋を着用して食品を汚染しないように注意し，調理する．調理器具は清潔なものを用意し，生の肉や魚を扱う器具と生で食べる食品を扱う器具は使い分けるのがよい．野菜などは流水でよく洗ってから使用する．生ごみは頻繁に処理する．また，食品の解凍は冷蔵庫内または電子レンジで行い，解凍と再冷凍をくり返さないように，1回に使う分量のみ解凍する．食品を加熱する

図 7.2 正しい手の洗い方

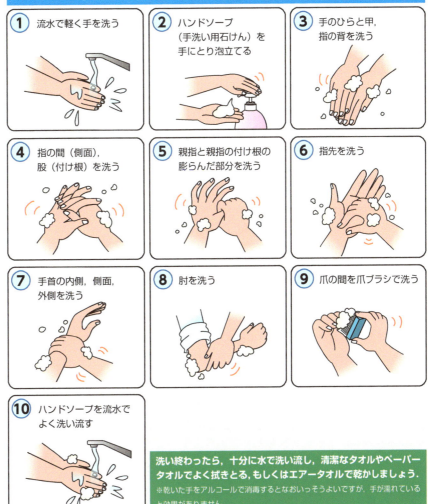

際は，中心温度が 75℃・1分以上になるように十分加熱する．二枚貝などのノロウイルスによる食中毒が懸念されるものは，85〜90℃で 90秒以上の加熱が有効である．

　食事を提供する際には，まず，食卓を清潔にする．盛りつけは清潔な手指や器具で清潔な食器に行い，喫食するまで温かい料理は温かく（65℃以上），冷たい料理は冷たく（10℃以下）保ち，提供する．衛生的にも，おいしさを考えても，調理後はできるだけ早く喫食することが望ましい．

　残った食品や料理は，清潔な容器に移し替えて冷蔵や冷凍など適切な方法で保存する．料理を温めなおす際には十分に加熱し，できるだけ早く食べきる．

　調理・喫食後は，調理器具や食器は洗剤でよく洗い，清潔に保管する．熱湯や

漂白剤で消毒するとなおよい．スポンジや台ふきんは食品のかすなどが付着しているうえに水分を含んでいるため，細菌が増殖しやすい．そのため，しっかり洗浄し，熱湯や漂白剤で消毒するなどの対策が必要である．タオルや食器用ふきんなどは清潔なものと頻繁に交換するのがよい．

　細菌による食中毒予防の三原則は，「付けない・増やさない・やっつける」である．食中毒を予防するためには，食品の汚染を防ぎ，付着しているものはしっかりと洗い流すことで食品を清潔にし，さらに，冷却や乾燥によって微生物の増殖を抑え，十分な加熱や消毒によって殺菌すると効果的であり，これらの衛生管理の考え方は，いかに汚さないか，いかに菌を増やさないかを考えて作業するHACCPシステムに基づいている．

HACCPとは

Hazard Analysis and Critical Control Point（危害分析重要管理点）の略称で，食品の製造・加工工程のあらゆる段階において微生物汚染等の危害をあらかじめ予測したうえで，それを防止するための重要管理点を特定し，これを連続的に監視・記録することにより製品の安全を確保する衛生管理手法のことである．すなわち，最終製品の抜きとり検査を行う従来の衛生管理とは異なり，食中毒等による危害を未然に防ぐことができるシステムである．

食品トレーサビリティとは

食品の生産や流通に関する情報が追跡・遡及できるよう，生産・加工・流通等の各段階において，入荷や出荷に関する記録を作成・保存するシステムのことである．このシステムを導入することにより，食品の安全性に関する事故などの問題が生じた際には，原因の究明や対象食品の回収等を迅速に行うことができ，さらには，食品の安全性や品質等に関する情報を提供することにより，消費者の信頼を確保することができる．日本では，トレーサビリティのとりくみが義務づけられているのは，牛・牛肉や米・米加工品に関してのみであり，その他の食品については，食品衛生法に努力義務として規定されるにとどまっている．

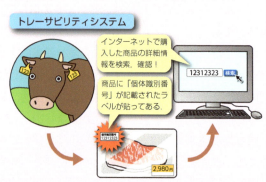

参考図書

本書の内容をいっそう理解するために役立つ書籍を下記に紹介します．

- 朝倉敏夫 編，火と食，ドメス出版（2012）
- 石井克枝ほか，ピュイゼ 子どものための味覚教育 食育入門編，講談社（2016）
- 石川伸一，料理と科学のおいしい出会い，化学同人（2014）
- 伊藤武・西島基弘，イラストで楽しく学ぶ！ 食中毒の知識，講談社（2022）
- 小倉久米雄ほか 監修，日本料理 行事・仕来り大事典（実用編），プロスター（2003）
- 小野章史 編著，めざせ！ 栄養士・管理栄養士 まずはここからナビゲーション 第4版，第一出版（2022）
- 河田昌子，新版 お菓子「こつ」の科学，柴田書店（2012）
- 熊倉功夫，日本料理の歴史，吉川弘文館（2007）
- 小泉武夫，こころをよむ 食べるということ―民族と食の文化，NHK出版（2011）
- 香西みどり，調理がわかる物理・化学の基礎知識―調理科学の理解を深める，光生館（2010）
- 香西みどり，水と調理のいろいろ―調理で水の特性を感じる―，光生館（2013）
- 講談社 編，カラー完全 日本食材百科事典，講談社（1999）
- 佐藤秀美，おいしさをつくる「熱」の科学―料理の加熱の「なぜ？」に答えるQ&A，柴田書店（2007）
- 実教出版編集部，オールガイド食品成分表2024，実況出版（2024）
- 志の島忠・浪川寛治，料理覚え書，グラフ社（2000）
- 渋川祥子，料理がもっと上手になる！加熱調理の科学，講談社（2022）
- 渋川祥子・牧野直子 監修，「おいしい！」を解き明かす，新星出版社（2014）
- 島田淳子，油のマジック―おいしさを引き出す油の力―（日本調理科学会 監修），建帛社（2016）
- ジョン・マッケイド，おいしさの人類史（中里京子 訳），河出書房（2016）
- 総合 調理用語辞典，全国調理師養成施設協会（2014）
- 都甲潔・飯山悟，食品・料理・味覚の科学，講談社（2011）
- 殿塚婦美子 編，改訂新版 大量調理―品質管理と調理の実際，学建書院（2020）
- 鳥居本幸代，和食に恋して：和食文化考，春秋社（2015）
- 日本食品衛生学会 編，食品安全の事典 新装版，朝倉書店（2022）
- 日本調理科学会，料理のなんでも小辞典，講談社（2008）
- 農文協 編，聞き書 ふるさとの家庭料理〈全21巻（含む別巻1）〉，農山漁村文化協会
- Harold McGee，マギーキッチンサイエンス―食材から食卓まで（香西みどり，北山薫 訳），共立出版（2008）
- 伏木亨＋未来食開発プロジェクト，うまさ究める，かもがわ出版（2002）
- 藤原政嘉・河原和枝・赤尾正 編，献立作成の基本と実践 第2版，講談社（2023）
- 松本仲子，調理と食品の官能評価，建帛社（2012）
- 丸山務・髙谷幸，食品衛生の基本!! 調理施設の衛生管理，日本食品衛生協会（2009）
- 三神彩子，食生活からはじめる省エネ＆エコライフ―エコロジークッキングの多面的分析―（長尾慶子 監修），建帛社（2016）
- 山崎清子ほか，NEW調理と理論 第二版，同文書院（2021）

付録

A. 調理道具のいろいろ

1. 切断

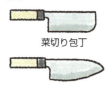
菜切り包丁

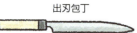
出刃包丁

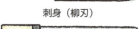
刺身（柳刃）

刺身（たこ引き）

洋包丁（牛刃）

ペティナイフ

中華包丁

冷凍ナイフ

寒天切り

操作		調理道具
①切断	切る	包丁，カッター（チーズ，パイ，ピザ，リンゴなど），エッグスライサー，スケッパー，料理ばさみ，芯抜き
	削る	鰹節削り，氷かき，うろことり
	むく	皮むき器
②磨砕・粉砕	する・つぶす	すり鉢，ごますり器，ポテトマッシャー，胡椒ひき，肉ひき器，ガーリックプレス
	おろす	おろし金（野菜用，チーズ用）
	砕く	ミキサー，アイスクラッシャー
	割る	ナッツクラッカー，アイスピック
③混合	混ぜる	ミキサー，へら，しゃもじ
	泡立てる	泡立て器
	ふる	シェーカー
④ろ過	こす	裏ごし器，シノア，油こし，ムーラン，炸籮，ストレーナー（紅茶，カクテル用），コーヒーフィルター
	ふるう	粉ふるい
	搾る	ジューサー，レモン搾り器
⑤成形	伸ばす	めん棒
	叩く	ミートハンマー
	抜く	物相型，型抜き（クッキー，野菜），押し枠，押し型（菓子用）
	巻く	巻き簾
	串をさす	串
	搾り出す	搾り出し袋と口金
	形をつくる	流し箱，ケーキ型，ゼリー型，プリン型
⑥盛りつけ	よそう	しゃもじ，レードル，トング（サーバートング含む），アイスクリームスクープ，ケーキサーバー

ピザカッター

2. 磨砕

リンゴカッター　スケッパー

ポテトマッシャー

チーズカッター

エッグスライサー

クルミ割り

ギンナン割り

ガーリックプレス

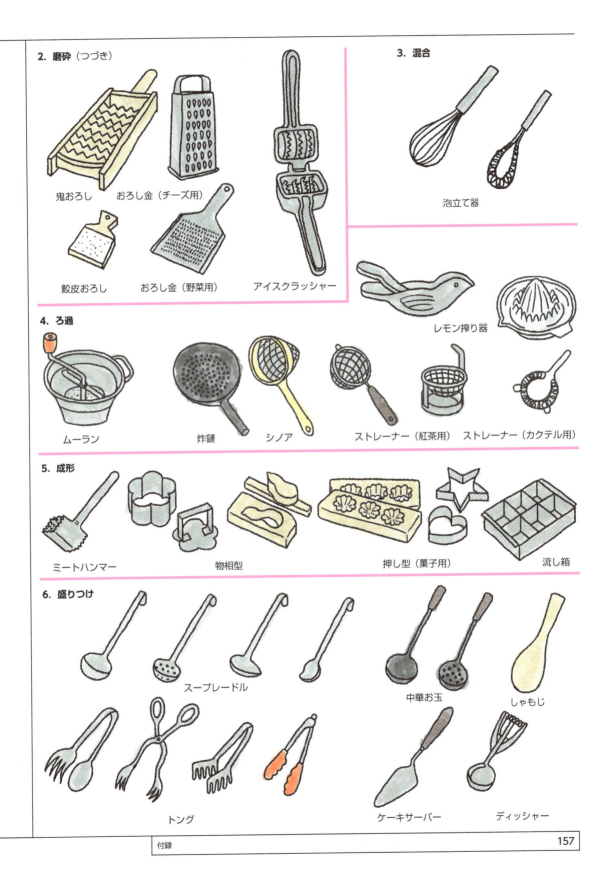

B. 2点識別試験法検定表

危険率 n	5%	1%	0.1%	危険率 n	5%	1%	0.1%
4以下	—	—	—	30	20	22	24
5	5	—	—	31	21	23	25
6	6	—	—	32	22	24	26
7	7	7	—	33	22	24	26
8	7	8	—	34	23	25	27
9	8	9	—	35	23	25	27
10	9	10	10	36	24	26	28
11	9	10	11	37	24	27	29
12	10	11	12	38	25	27	29
13	10	12	13	39	26	28	30
14	11	12	13	40	26	28	31
15	12	13	14	41	27	29	31
16	12	14	15	42	27	29	32
17	13	14	16	43	28	30	32
18	13	15	16	44	28	31	33
19	14	15	17	45	29	31	34
20	15	16	18	46	30	32	34
21	15	17	18	47	30	32	35
22	16	17	19	48	31	33	36
23	16	18	20	49	31	34	36
24	17	19	20	50	32	34	37
25	18	19	21	60	37	40	43
26	18	20	22	70	43	46	49
27	19	20	22	80	48	51	55
28	19	21	23	90	54	57	61
29	20	22	24	100	59	63	66

C. 2点嗜好試験法検定表

危険率 n	5%	1%	0.1%	危険率 n	5%	1%	0.1%
6	6	—	—	49	32	34	37
7	7	—	—	50	33	35	37
8	8	8	—	51	33	36	38
9	8	9	—	52	34	36	39
10	9	10	—	53	35	37	39
11	10	11	11	54	35	37	40
12	10	11	12	55	36	38	41
13	11	12	13	56	36	39	41
14	12	13	14	57	37	39	42
15	12	13	14	58	37	40	42
16	13	14	15	59	38	40	43
17	13	15	16	60	39	41	44
18	14	15	17	61	39	41	44
19	15	16	17	62	40	42	45
20	15	17	18	63	40	43	45
21	16	17	19	64	41	43	46
22	17	18	19	65	41	44	47
23	17	19	20	66	42	44	47
24	18	19	21	67	42	45	48
25	18	20	21	68	43	46	48
26	19	20	22	69	44	46	49
27	20	21	23	70	44	47	50
28	20	22	23	71	45	47	50
29	21	22	24	72	45	48	51
30	21	23	25	73	46	48	51
31	22	24	25	74	46	49	52
32	23	24	26	75	47	50	53
33	23	25	27	76	48	50	53
34	24	25	27	77	48	51	54
35	24	26	28	78	49	51	54
36	25	27	29	79	49	52	55
37	25	27	29	80	50	52	56
38	26	28	30	82	51	54	57
39	27	28	31	84	52	55	58
40	27	29	31	86	53	56	59
41	28	30	32	88	54	57	60
42	28	30	32	90	55	58	61
43	29	31	33	92	56	59	63
44	29	31	34	94	57	60	64
45	30	32	34	96	59	62	65
46	31	33	35	98	60	63	66
47	31	33	36	100	61	64	67
48	32	34	36				

D. Kendallの一致性の係数 W の検定表

(1) $\alpha = 1\%$

n \ t	3	4	5	6	7
3	17.5	35.4	64.4	103.9	157.3
4	25.4	49.5	88.4	143.3	217.0
5	30.8	62.6	112.3	182.4	276.2
6	38.3	75.7	136.1	221.4	335.2
8	48.1	101.7	183.7	299.0	453.1
10	60.0	127.8	231.2	376.7	571.0
15	89.8	192.9	349.8	570.5	864.9
20	119.7	258.0	468.5	764.4	1158.7

(2) $\alpha = 5\%$

n \ t	3	4	5	6	7
3	—	—	75.6	122.8	185.6
4	32.0	61.4	109.3	176.2	265.0
5	42.0	80.5	142.8	229.4	343.8
6	54.0	99.5	176.1	282.4	422.6
8	66.8	137.4	242.7	388.3	579.9
10	85.1	175.3	309.1	494.0	737.0
15	131.0	269.8	475.2	758.2	1129.5
20	177.0	364.2	641.2	1022.2	1521.9

$t =$ 試料数，$n =$ パネル数
S が表の値以上のとき，有意．

E. F 分布 (5%, 1%)

ϕ_2 \ ϕ_1	1	2	3	4	5	6	7	8	9	10	11	12	15	20	24	30	40	60	120
1	161.00	200.00	216.00	225.00	230.00	234.00	237.00	239.00	241.00	242.00	244.00	246.00	248.00	249.00	250.00	251.00	252.00	253.00	254.00
	4052.00	5000.00	5403.00	5625.00	5764.00	5859.00	5928.00	5982.00	6022.00	6056.00	6106.00	6157.00	6209.00	6235.00	6261.00	6287.00	6313.00	6339.00	6366.00
2	18.50	19.00	19.20	19.20	19.30	19.30	19.40	19.40	19.40	19.40	19.40	19.40	19.40	19.40	19.50	19.50	19.50	19.50	19.50
	98.50	99.00	99.20	99.20	99.30	99.30	99.40	99.40	99.40	99.40	99.40	99.40	99.40	99.50	99.50	99.50	99.50	99.50	99.50
3	10.10	9.55	9.28	9.12	9.01	8.94	8.89	8.85	8.81	8.79	8.74	8.70	8.66	8.64	8.62	8.59	8.57	8.55	8.53
	34.10	30.80	29.50	28.70	28.20	27.90	27.70	27.50	27.30	27.20	27.10	26.90	26.70	26.60	26.50	26.40	26.30	26.20	26.10
4	7.71	6.94	6.59	6.39	6.26	6.16	6.09	6.04	6.00	5.96	5.91	5.86	5.80	5.77	5.75	5.72	5.69	5.66	5.63
	21.20	18.00	16.70	16.00	15.50	15.20	15.00	14.80	14.70	14.50	14.40	14.20	14.00	13.90	13.80	13.70	13.70	13.60	13.50
5	6.61	5.79	5.41	5.19	5.05	4.95	4.88	4.82	4.77	4.74	4.68	4.62	4.56	4.53	4.50	4.46	4.43	4.40	4.36
	16.30	13.30	12.10	11.40	11.00	10.70	10.50	10.30	10.20	10.10	9.89	9.72	9.55	9.47	9.38	9.29	9.20	9.11	9.02
6	5.99	5.14	4.76	4.53	4.39	4.28	4.21	4.15	4.10	4.06	4.00	3.94	3.87	3.84	3.81	3.77	3.74	3.70	3.67
	13.70	10.90	9.78	9.15	8.75	8.47	8.26	8.10	7.98	7.87	7.72	7.56	7.40	7.31	7.23	7.14	7.06	6.97	6.88
7	5.59	4.74	4.35	4.12	3.97	3.87	3.79	3.73	3.68	3.64	3.57	3.51	3.44	3.41	3.38	3.34	3.30	3.27	3.23
	12.20	9.55	8.45	7.85	7.46	7.19	6.99	6.84	6.72	6.62	6.47	6.31	6.16	6.07	5.99	5.91	5.82	5.74	5.65
8	5.32	4.46	4.07	3.84	3.69	3.58	3.50	3.44	3.39	3.35	3.28	3.22	3.15	3.12	3.08	3.04	3.01	2.97	2.93
	11.30	8.65	7.59	7.01	6.63	6.37	6.18	6.03	5.91	5.81	5.67	5.52	5.36	5.28	5.20	5.12	5.03	4.95	4.86
9	5.12	4.26	3.86	3.63	3.48	3.37	3.29	3.23	3.18	3.14	3.07	3.01	2.94	2.90	2.86	2.83	2.79	2.75	2.71
	10.60	8.02	6.99	6.42	6.06	5.80	5.61	5.47	5.35	5.26	5.11	4.96	4.81	4.73	4.65	4.57	4.48	4.40	4.31
10	4.96	4.10	3.71	3.48	3.33	3.22	3.14	3.07	3.02	2.98	2.91	2.84	2.77	2.74	2.70	2.66	2.62	2.58	2.54
	10.00	7.56	6.55	5.99	5.64	5.39	5.20	5.06	4.94	4.85	4.71	4.56	4.41	4.33	4.25	4.17	4.08	4.00	3.91
11	4.84	3.98	3.59	3.36	3.20	3.09	3.01	2.95	2.90	2.85	2.79	2.72	2.65	2.61	2.57	2.53	2.49	2.45	2.40
	9.65	7.21	6.22	5.67	5.32	5.07	4.89	4.74	4.63	4.54	4.40	4.25	4.10	4.02	3.94	3.86	3.78	3.69	3.60
12	4.75	3.89	3.49	3.26	3.11	3.00	2.91	2.85	2.80	2.75	2.69	2.62	2.54	2.51	2.47	2.43	2.38	2.34	2.30
	9.33	6.93	5.95	5.41	5.06	4.82	4.64	4.50	4.39	4.30	4.16	4.01	3.86	3.78	3.70	3.62	3.54	3.45	3.36
13	4.67	3.81	3.41	3.18	3.03	2.92	2.83	2.77	2.71	2.67	2.60	2.53	2.46	2.42	2.38	2.34	2.30	2.25	2.21
	9.07	6.70	5.74	5.21	4.86	4.62	4.44	4.30	4.19	4.10	3.96	3.82	3.66	3.59	3.51	3.43	3.34	3.25	3.17
14	4.60	3.74	3.34	3.11	2.96	2.85	2.76	2.70	2.65	2.60	2.53	2.46	2.39	2.35	2.31	2.27	2.22	2.18	2.13
	8.86	6.51	5.56	5.04	4.70	4.46	4.28	4.14	4.03	3.94	3.80	3.66	3.51	3.43	3.35	3.27	3.18	3.09	3.00
15	4.54	3.68	3.29	3.06	2.90	2.79	2.71	2.64	2.59	2.54	2.48	2.40	2.33	2.29	2.25	2.20	2.16	2.11	2.07
	8.68	6.36	5.42	4.89	4.56	4.32	4.14	4.00	3.89	3.80	3.67	3.52	3.37	3.29	3.21	3.13	3.05	2.96	2.87
16	4.49	3.63	3.24	3.01	2.85	2.74	2.66	2.59	2.54	2.49	2.42	2.35	2.28	2.24	2.19	2.15	2.11	2.06	2.01
	8.53	6.23	5.29	4.77	4.44	4.20	4.03	3.89	3.78	3.69	3.55	3.41	3.26	3.18	3.10	3.02	2.93	2.84	2.75
17	4.45	3.59	3.20	2.96	2.81	2.70	2.61	2.55	2.49	2.45	2.38	2.31	2.23	2.19	2.15	2.10	2.06	2.01	1.96
	8.40	6.11	5.18	4.67	4.34	4.10	3.93	3.79	3.68	3.59	3.46	3.31	3.16	3.08	3.00	2.92	2.83	2.75	2.65

ϕ_2 \ ϕ_1	1	2	3	4	5	6	7	8	9	10	11	12	15	20	24	30	40	60	120	∞
18	4.41	3.55	3.16	2.93	2.77	2.66	2.58	2.51	2.46	2.41	2.34	2.27	2.19	2.15	2.11	2.06	2.02	1.97	1.92	
	8.29	**6.01**	**5.09**	**4.58**	**4.25**	**4.01**	**3.84**	**3.71**	**3.60**	**3.51**	**3.37**	**3.23**	**3.08**	**3.00**	**2.92**	**2.84**	**2.75**	**2.66**	**2.57**	
19	4.38	3.52	3.13	2.90	2.74	2.63	2.54	2.48	2.42	2.38	2.31	2.23	2.16	2.11	2.07	2.03	1.98	1.93	1.88	
	8.18	**5.93**	**5.01**	**4.50**	**4.17**	**3.94**	**3.n**	**3.63**	**3.52**	**3.43**	**3.30**	**3.15**	**3.00**	**2.92**	**2.84**	**2.76**	**2.67**	**2.58**	**2.49**	
20	4.35	3.49	3.10	2.87	2.71	2.60	2.51	2.45	2.39	2.35	2.28	2.20	2.12	2.08	2.04	1.99	1.95	1.90	1.84	
	8.10	**5.85**	**4.94**	**4.43**	**4.10**	**3.87**	**3.70**	**3.56**	**3.46**	**3.37**	**3.23**	**3.09**	**2.94**	**2.86**	**2.78**	**2.69**	**2.61**	**2.52**	**2.42**	
21	4.32	3.47	3.07	2.84	2.68	2.57	2.49	2.42	2.37	2.32	2.25	2.18	2.10	2.05	2.01	1.96	1.92	1.87	1.81	
	8.02	**5.78**	**4.87**	**4.37**	**4.04**	**3.81**	**3.64**	**3.51**	**3.40**	**3.31**	**3.17**	**3.03**	**2.88**	**2.80**	**2.72**	**2.64**	**2.55**	**2.46**	**2.36**	
22	4.30	3.44	3.05	2.82	2.66	2.55	2.46	2.40	2.34	2.30	2.23	2.15	2.07	2.03	1.98	1.94	1.89	1.84	1.78	
	7.95	**5.72**	**4.82**	**4.31**	**3.99**	**3.76**	**3.59**	**3.45**	**3.35**	**3.26**	**3.12**	**2.98**	**2.83**	**2.75**	**2.67**	**2.58**	**2.50**	**2.40**	**2.31**	
23	4.28	3.42	3.03	2.80	2.64	2.53	2.44	2.37	2.32	2.27	2.20	2.13	2.05	2.00	1.96	1.91	1.86	1.81	1.76	
	7.88	**5.66**	**4.76**	**4.26**	**3.94**	**3.71**	**3.54**	**3.41**	**3.30**	**3.21**	**3.07**	**2.93**	**2.78**	**2.70**	**2.62**	**2.54**	**2.45**	**2.35**	**2.26**	
24	4.26	3.40	3.01	2.78	2.62	2.51	2.42	2.36	2.30	2.25	2.18	2.11	2.03	1.98	1.94	1.89	1.84	1.79	1.73	
	7.82	**5.61**	**4.72**	**4.22**	**3.90**	**3.67**	**3.50**	**3.36**	**3.26**	**3.17**	**3.03**	**2.89**	**2.74**	**2.66**	**2.58**	**2.49**	**2.40**	**2.31**	**2.21**	
25	4.24	3.39	2.99	2.76	2.60	2.49	2.40	2.34	2.28	2.24	2.16	2.09	2.01	1.96	1.92	1.87	1.82	1.77	1.71	
	7.77	**5.57**	**4.68**	**4.18**	**3.86**	**3.63**	**3.46**	**3.32**	**3.22**	**3.13**	**2.99**	**2.85**	**2.70**	**2.62**	**2.54**	**2.45**	**2.36**	**2.27**	**2.17**	
26	4.23	3.37	2.98	2.74	2.59	2.47	2.39	2.32	2.27	2.22	2.15	2.07	1.99	1.95	1.90	1.85	1.80	1.75	1.69	
	7.72	**5.53**	**4.64**	**4.14**	**3.82**	**3.59**	**3.42**	**3.29**	**3.18**	**3.09**	**2.96**	**2.82**	**2.66**	**2.58**	**2.50**	**2.42**	**2.33**	**2.23**	**2.13**	
27	4.21	3.35	2.96	2.73	2.57	2.46	2.37	2.31	2.25	2.20	2.13	2.06	1.97	1.93	1.88	1.84	1.79	1.73	1.67	
	7.68	**5.49**	**4.60**	**4.11**	**3.78**	**3.56**	**3.39**	**3.26**	**3.15**	**3.06**	**2.93**	**2.78**	**2.63**	**2.55**	**2.47**	**2.38**	**2.29**	**2.20**	**2.10**	
28	4.20	3.34	2.95	2.71	2.56	2.45	2.36	2.29	2.24	2.19	2.12	2.04	1.96	1.91	1.87	1.82	1.77	1.71	1.65	
	7.64	**5.45**	**4.57**	**4.07**	**3.75**	**3.53**	**3.36**	**3.23**	**3.12**	**3.03**	**2.90**	**2.75**	**2.60**	**2.52**	**2.44**	**2.35**	**2.26**	**2.17**	**2.06**	
29	4.18	3.33	2.93	2.70	2.55	2.43	2.35	2.28	2.22	2.18	2.10	2.03	1.94	1.90	1.85	1.81	1.75	1.70	1.64	
	7.60	**5.42**	**4.54**	**4.04**	**3.73**	**3.50**	**3.33**	**3.20**	**3.06**	**3.00**	**2.87**	**2.73**	**2.57**	**2.49**	**2.41**	**2.33**	**2.23**	**2.14**	**2.03**	
30	4.17	3.32	2.92	2.69	2.53	2.42	2.33	2.27	2.21	2.16	2.09	2.01	1.93	1.89	1.84	1.79	1.74	1.68	1.62	
	7.56	**5.39**	**4.51**	**4.02**	**3.70**	**3.47**	**3.30**	**3.17**	**3.07**	**2.98**	**2.84**	**2.70**	**2.55**	**2.47**	**2.39**	**2.30**	**2.21**	**2.11**	**2.01**	
40	4.08	3.23	2.84	2.61	2.45	2.34	2.25	2.18	2.12	2.08	2.00	1.92	1.84	1.79	1.74	1.69	1.64	1.58	1.51	
	7.31	**5.18**	**4.31**	**3.83**	**3.51**	**3.29**	**3.12**	**2.99**	**2.89**	**2.80**	**2.66**	**2.52**	**2.37**	**2.29**	**2.20**	**2.11**	**2.02**	**1.92**	**1.80**	
60	4.00	3.15	2.76	2.53	2.37	2.25	2.17	2.10	2.04	1.99	1.92	1.84	1.75	1.70	1.65	1.59	1.53	1.47	1.39	
	7.08	**4.98**	**4.13**	**3.65**	**3.34**	**3.12**	**2.95**	**2.82**	**2.72**	**2.63**	**2.50**	**2.35**	**2.20**	**2.12**	**2.03**	**1.94**	**1.84**	**1.73**	**1.60**	
120	3.92	3.07	2.68	2.45	2.29	2.18	2.09	2.02	1.96	1.91	1.83	1.75	1.66	1.61	1.55	1.50	1.43	1.35	1.25	
	6.85	**4.79**	**3.95**	**3.48**	**3.17**	**2.96**	**2.79**	**2.66**	**2.56**	**2.47**	**2.34**	**2.19**	**2.03**	**1.95**	**1.86**	**1.76**	**1.66**	**1.53**	**1.38**	
∞	3.84	3.00	2.60	2.37	2.21	2.10	2.01	1.94	1.88	1.83	1.75	1.67	1.57	1.52	1.46	1.39	1.32	1.22	1.00	
	6.63	**4.61**	**3.78**	**3.32**	**3.02**	**2.80**	**2.64**	**2.51**	**2.41**	**2.32**	**2.18**	**2.04**	**1.88**	**1.79**	**1.70**	**1.59**	**1.47**	**1.32**	**1.00**	

自由度 ϕ_1, ϕ_2 より上側確立 5%および 1%に対する F 値を求める表（細字は 5%，太字は 1%）

F. Newell & MacFarlane による順位法の検定表

(1) $\alpha = 1\%$

n \ t	3	4	5	6	7	8	9	10
3	—	9	12	14	17	19	22	24
4	8	11	14	17	20	23	26	29
5	9	13	16	19	23	26	30	33
6	10	14	18	21	25	29	33	37
7	11	15	19	23	28	32	36	40
8	12	16	21	25	30	34	39	43
9	13	17	22	27	32	36	41	46
10	13	18	23	28	33	38	44	49
11	14	19	24	30	35	40	46	51
12	15	20	26	31	37	42	48	54
13	15	21	27	32	38	44	50	56
14	16	22	28	34	40	46	52	58
15	16	22	28	35	41	48	54	60
16	17	23	30	36	43	49	56	63
17	17	24	31	37	44	51	58	65
18	18	25	31	38	45	52	60	67
19	18	25	32	39	46	54	61	69
20	19	26	33	40	48	55	63	70
21	19	27	34	41	49	56	64	72
22	20	27	35	42	50	58	66	74
23	20	28	35	43	51	59	67	75
24	21	28	36	44	52	60	69	77
25	21	29	37	45	53	62	70	79
26	22	29	38	46	54	63	71	80
27	22	30	38	47	55	64	73	82
28	22	31	39	48	56	65	74	83
29	23	31	40	48	57	66	75	85
30	23	32	40	49	58	67	77	86
31	23	32	41	50	59	69	78	87
32	24	33	42	51	60	70	79	89
33	24	33	42	52	61	71	80	90
34	25	34	43	52	62	72	82	92
35	25	34	44	53	63	73	83	93
36	25	35	44	54	64	74	84	94
37	26	35	45	55	65	75	85	95
38	26	36	45	55	66	76	86	97
39	26	36	46	56	66	77	87	98
40	27	36	47	57	67	78	88	99
41	27	37	47	57	68	79	90	100
42	27	37	48	58	69	80	91	102
43	28	38	48	59	70	81	92	103
44	28	38	49	60	70	82	93	104
45	28	39	49	60	71	82	94	105
46	28	39	50	61	72	83	95	106
47	29	39	50	62	73	84	96	108
48	29	40	51	62	74	85	97	109
49	29	40	51	63	74	86	98	110
50	30	41	52	63	75	87	99	111

(2) $\alpha = 5\%$

n \ t	3	4	5	6	7	8	9	10
3	6	8	11	13	15	18	20	23
4	7	10	13	15	18	21	24	27
5	8	11	14	17	21	24	27	30
6	9	12	15	19	22	26	30	34
7	10	13	17	20	24	28	32	36
8	10	14	18	22	26	30	34	39
9	10	15	19	23	27	32	36	41
10	11	15	20	24	29	34	38	43
11	11	16	21	26	30	35	40	45
12	12	17	22	27	32	37	42	48
13	12	18	23	28	33	39	44	50
14	13	18	24	29	34	40	46	52
15	13	19	24	30	36	42	47	53
16	14	19	25	31	37	42	49	55
17	14	20	26	32	38	44	50	56
18	15	20	26	32	39	45	51	58
19	15	21	27	33	40	46	53	60
20	15	21	28	34	41	47	54	61
21	16	22	28	35	42	49	56	63
22	16	22	29	36	43	50	57	64
23	16	23	30	37	44	51	58	65
24	17	23	30	37	45	52	59	67
25	17	24	31	38	46	53	61	68
26	17	24	32	39	46	54	62	70
27	18	25	32	40	47	55	63	71
28	18	25	33	40	48	56	64	72
29	18	26	33	41	49	57	65	73
30	19	26	34	42	50	58	66	75
31	19	27	34	42	51	59	67	76
32	19	27	35	43	51	60	68	77
33	20	27	36	44	52	61	70	78
34	20	28	36	44	53	62	71	79
35	20	28	37	45	54	63	72	81
36	20	29	37	46	55	63	73	82
37	21	29	38	46	55	64	74	83
38	21	29	38	47	56	65	75	84
39	21	30	39	48	57	66	76	85
40	21	30	39	48	57	67	76	86
41	22	31	40	49	58	68	77	87
42	22	31	40	49	59	69	78	88
43	22	31	41	50	60	69	79	89
44	22	32	41	51	60	70	80	90
45	23	32	41	51	61	71	81	91
46	23	32	42	52	62	72	82	92
47	23	33	42	52	62	72	83	93
48	23	33	43	53	63	73	84	94
49	24	33	43	53	64	74	85	95
50	24	34	44	54	64	75	85	96

$t=$ 試料数,$n=$ くり返し数(パネル数)
2 試料の順位合計の差の絶対値が表の値以上のとき,2 試料の間に有意差あり.

食べ物と健康，給食の運営　基礎調理学　索引

ア

IH(induction heating)	72, 74
アイソトニック飲料(isotonic drink)	150
和える(dress)	17
赤身魚(fish with red flesh)	107
アガロース(agarose)	123
あく(lye)	11, 75, 95
アクチン(actin)	101, 103
アクトミオシン(actomyosin)	103, 110, 111
揚げ物(fried food)	20, 78
揚げる(fry)	17, 78
味付け(seasoning)	61
味の相互作用(taste interaction)	25, 27
小豆(azuki beans, small red beans)	91
アスタキサンチン(astaxanthin)	108
油(oil)	133
脂(fat)	133
アミノカルボニル反応(amino-carbonyl reaction) → メイラード反応	
アミノ酸(amino acid)	24, 95, 101, 108, 117, 135, 137, 147
アミノ酸価(amino acid score)	102
β-アミラーゼ(β-amylase)	88
アミロース(amylose)	81, 119
アミロペクチン(amylopectin)	81, 119
アルギン酸(alginic acid)	98
アルコール飲料(alcoholic beverage)	148
アルブミン(albumin)	102, 112
合わせ酢(mixed vinegar)	131
餡(あん；bean paste, bean jam)	92
アントシアン(anthocyan)	94, 95, 97
EPA(エイコサペンタエン酸：eicosapentaenoic acid)	108
炒める(panfry)	17, 78
一汁三菜(one soup and three side dishes)	8, 18, 47
いも類(potatos)	87
色(color)	31
——をよくする	132
——をつける	141
魚肉の——	107
食肉の——	106
野菜の——	94
インスタント食品(instant food)	144
うま味(savor)	24
うま味調味料(umami seasoning, flavor enhancer)	137
うるち米(nonglutinous rice)	81
ウーロン茶(oolong tea)	147
栄養機能食品(food with nutrient function claims)	145
液化石油ガス(liquefied petroleum gas；LPG)	71
えぐ味(acrid taste)	25, 89
SD法(semantic differential method)	34, 37
エネルギー(energy)	42
エネルギー産生栄養素バランス(energy production nutrient balance)	42, 45
エネルギー消費(energy expenditure, energy consumption)	52
F分布(f-distribution)	37, 160
エマルション(emulsion)	68, 114
嚥下(swallowing, deglutition)	46
遠赤外線(far-infrared ray)	71
塩味(salty taste)	23
おいしさ(palatability)	21
——の評価	32
オイスターソース(oyster sauce)	139
オーバーラン(overrun)	117
オーブン(oven)	74
落とし蓋(lid)	75
温石(heated stone)	8, 49
温度(temperature)	28, 61

カ

カーボンフットプリント(carbon footprint；CFP)	53
会席料理(Kaiseki Ryori)	8, 50
懐石料理(Kaiseki Ryori)	8, 49
海藻類(seaweed)	98
解凍(defrosting, thawing)	70
外部化率(externalization rate)	2
香り(flavor)	95, 97
——をつける	141
化学的酸素要求量(chemical oxgen demand；COD)	54
拡散(diffusion)	63
加工食品(processed food)	142
果実飲料(fruit juice)	149
果実類(fruits)	96
ガス(gas)	71
ガスコンロ(gas stove, gas range)	71
カゼイン(casein)	115
可塑性(plasticity)	117
褐変(browning)	132
家庭ごみ(household garbage)	56
カテキン(catechin)	24, 147
加熱〔肉の〕(heating)	106
過熱水蒸気(superheated steam)	76
加熱調理(cooking)	58, 70, 96, 97, 111

カフェイン(caffein, caffeine)	24, 147, 148	グリコアルカロイド(glycoalkaloid)	88
粥(rice gruel)	82	グリシニン(glycinin)	91
カラギーナン(carrageenan)	124	クリーミング性(creaming quality)	118, 134
ガラクタン(galactan)	88	クリームダウン(creamdouw)	147
辛味(pungent taste)	25, 95	グルコマンナン(glucomannan)	90, 125
──をつける	141	グルタミン酸(glutamic acid)	24, 98, 100, 108, 137
ガラムマサラ(garam masala)	140	グルテン(gluten)	84, 126, 130
カレーパウダー(curry powder)	140	グロブリン(globulin)	102, 112
カロテノイド(carotenoid)	94, 95, 97	クロロゲン酸(chlorogenic acid)	88, 148
カロテン(carotene)	94	クロロフィル(chlorophyll)	94, 95, 97, 132
乾式加熱(baking)	76	ケ(daily life)	15, 30, 50
かん水(brine, lye water)	85	計量(measurement)	60
換水値(equivalent ratio to water)	86	K値(K value)	109
間接焼き(indirect baking(heating))	76, 77	ゲル(gel)	123
乾燥食品(dehydrated food)	142	ゲル化剤(gelling agent)	124
缶詰(canned food)	143	Kendallの一致性の係数(Kendall's coefficient of concordance)	36, 159
寒天(agar)	123	抗菌(antibacterial)	95, 132, 140
官能検査(sensory evaluation test)	32	抗酸化(antioxidation)	136, 140
官能評価(sensory evaluation)	32	香辛料(spice)	140, 141
乾物の膨潤(rehydration of dried food)	65	硬水(hard water)	9, 11
甘味(sweetness)	22, 97, 128	紅茶(black tea)	147
甘味度(sweet rate)	23, 128	硬度(water hardness)	9
機器評価(objective evaluation)	32, 38	コーヒー(coffee)	148
キセロゲル(xerogel)	91	糊化〔デンプンの〕(gelatinization)	120
機能性表示食品(foods with function claims)	145	五感(five senses)	21, 32, 47, 57, 152
きのこ類(fungi, mushrooms)	99	五香粉(five spice powder)	140
起泡性〔卵類の〕(foaming property)	114	五穀(representative five kinds of grains)	12
基本味(primary taste)	22	五色(five basic color)	47
キモシン(chymosin)	127	コチュジャン(gochujang)	139
客観的評価(objective evaluation)	38	骨粗鬆症(osteoporosis)	46
GABA	13	五法(five basic method)	47
嗅覚(sense of smell)	26, 27	ゴマ(sesame)	93
吸水(water absorption)		五味(five basic taste)	47
米の──	81	小麦粉(wheat flour)	84
豆類の──	90	小麦タンパク質(wheat protein)	84, 126
牛肉(beef)	104, 105	米(rice)	7, 11, 80
牛乳(cow's milk)	115	米粉(rice flour)	83
吸油量(oil absorption)	78	コラーゲン(collagen)	102, 106, 111, 122, 124
供応食(dishes for entertaining guests)	48	コロイド(colloid)	27
供給熱量(supply calorie)	3	混合(mixing)	68
行事食(seasonal festival foods, holiday foods)	30, 48, 50, 51	混成酒(liqueur)	137, 148
魚介類(fish and shellfish)	107	献立(menu)	47
魚臭(fishy smell)	110	こんにゃく(konnyaku ; konjac)	90
魚醤(fish sauce)	139	コンニャクイモ(konnyaku imo ; konjac potato)	90
魚肉タンパク質(fish protein)	108, 127	コンニャクマンナン(konjak mannan)	125
切り方〔野菜や果物などの〕(cutting)	66, 67, 75	コンブ(昆布 ; kombu ; tangle, ribbon weed, kelp)	98
切る(cut)	17	**サ**	
筋原線維(myofibril)	101	細胞壁(cell wall)	62, 87, 92, 95, 125
筋線維(muscle fiber)	101	酒類(alcoholic beverages)	136, 148
5'-グアニル酸(5'-guanylic acid)	100	刺身(sashimi)	16, 20, 109
臭み(smell)		サツマイモ(sweet potato)	88
──をとる	141	サトイモ(taro)	88
グリアジン(gliadin)	84		

砂糖(sugar)	127
サルモネラ菌(*Salmonella*)	113
酸化(oxidation)	134
油の――	134
ビタミンCの――	132
酸性調味料(souring agent)	132
酸味(sour taste)	23, 97
COD(hemical oxgen demand:化学的酸素要求量)	54
シイタケ(shiitake mushroom)	100
視覚(vision)	29
直火焼き(direct baking(heating))	76
自給率(self-sufficiency rate)	4
嗜好飲料(beverage)	146
嗜好型検査(preference type test)	33
死後硬直(rigor mortis)	103, 108
自己消化(autolysis)	104
七味唐辛子(red pepper with seven kinds of spices)	140
湿式加熱(steaming, wet cooking)	74
卓袱料理(Shippoku Ryori)	8
ジビエ(gibier 仏)	101
渋切り(removal of astringency)	91
渋味(astringency)	25
霜降り肉(marbled meat)	101
ジャガイモ(potato)	87
ジャム(jam)	63, 97, 98
重量(weight)	60
主観的評価(subjective evaluation)	32
熟成(aging)	103
種実類(seeds)	92
旬(season)	48, 93, 108
順位法(ranking method)	34, 35
順応効果〔味の〕(acclimatization effect)	25
旬産旬消(season food)	5, 53
省エネルギー(energy saving)	52, 58
精進料理(Shojim Ryori)	7
醸造酒(fermented alcoholic beverage, brewage)	137, 148
消費期限(use-by date)	57
賞味期限(sell-by date)	57
照明(lighting, illumination)	31
醤油(soy souce)	135
蒸留酒(distilled alcoholic beverage)	137, 148
食塩(salt)	129
食空間(dining space)	31
食事(food)	41
食事摂取基準(Dietary Reference Intakes)	42
食洗機(dishwashing machine)	56
食中毒(alimentary intoxication, food poisoning)	151
食肉(meat)	101
食品物性(food properties)	39
食品リサイクル法(Food Recycling Law)	4
食品ロス(foof loss)	3, 57
植物性食品(plant food)	80
食物繊維(dietary fiber)	93, 96, 98, 100, 123, 125
食料自給率(self-sufficiency rate of food)	3, 53
触覚(sense of touch)	27
ショ糖(sucrose)	97, 127
ショートニング性(shortening quality)	118, 134
白身魚(fish with white flesh)	107
真空調理(vacuum cooking)	77
親水性(hydrophilicity)	128
浸漬(immersion)	65
新調理システム(new cooking system)	77
伸展性(extensibility)	85
浸透(osmosis)	63
浸透圧(osmotic pressure)	63, 129
酢(vinegar)	13, 130
水質汚濁(water pollution)	54
水蒸気(steam)	75, 76
推奨量(recommended dietary allowance;RDA)	42
水中油滴型(oil in water:O/W)	114
推定平均必要量(estimated average requirement;EAR)	42
炊飯器(rice cooker)	74
水分活性(water activity)	128, 142
水様卵白(watery albumen)	111
スクロース(sucrose)	23, 88
すし飯(sushi rice)	83
スパイス(spice)	140
スプレードライ(噴霧乾燥:spray‐dry)	142
炭火(charcoal fire)	76
する(grind)	17
生活排水(domesticsewage, domestic sewage)	54
清酒(sake;rice wine)	148
生食(eating raw)	95, 97, 109
生物化学的酸素要求量(biological oxgen demand;BOD)	54
成分抽出素材(extracted compound)	118
摂取熱量(caloric intake)	3
切断(cut)	68
ゼリー(jelly)	122
鮮魚(fresh fish)	109
洗浄(wash)	64
鮮度(freshness)	
魚の――	108
卵の――	112
洗米(washing rice)	81
相乗効果(味の)(synergistic effect)	25
ソース(sauce)	138
咀嚼(chewing, mastication)	45
疎水性(hydrophobic)	134
ソラニン(solanine)	24, 88
ゾル(sol, colloidal solution)	123

タ

大饗料理(Daikyo Ryori)	7, 49
大豆(soybean)	13, 90
大豆タンパク質(soybean protein)	90, 126
台所排水(waste water from kitchen)	54

対比効果〔味の〕(contrast effect)	25
耐容上限量(tolerable upper intake level ; UL)	42
対流(convection)	63, 74
対流熱(convective heat)	74, 77
炊き込みご飯(rice cooked with various ingredients)	82
炊く(boil, cook)	76
だし(broth)	11
脱水(dehydration)	63, 78, 96, 120, 129
卵(egg)	111
タンニン(tannin)	25, 96, 147, 148
タンパク質分解酵素(protease)	97, 106, 122
チーズ(cheese)	118
地産地消(local food)	5, 53
茶(tea)	146
炊飯(rice cooking)	83
厨芥(garbage)	56
聴覚(sense of hearing)	29
調味料(condiment, seasoning)	63, 127, 135, 139
――の順番	63
――の配合割合	64
調理(cookin)	59
調理済み食品(cooked food)	142
調理道具(cooker)	156
調理法(cooking method)	16
チリパウダー(chili powder, chili mix)	140
チロシン(tyrosine)	87, 90
漬物(pickled vegetables)	16, 65
漬ける(pickle)	17
つみれ(tsumire, fish ball)	111
つや(gloss)	83, 114, 128, 136
DHA(ドコサヘキサエン酸：docosahexaenoic acid)	108
テクスチャー(texture)	27, 28
電気(electricity)	71
電気コンロ(electric stove)	72
電磁調理器(electromagnetic ranges)	72
電子レンジ(microwave oven, electronic range)	73
伝導伝熱(conductive heat transfer)	78
伝導熱(conductive heat)	74, 77
デンプン(starch)	119
甜麺醤(sweet flour paste)	139
ドウ(dough)	84, 85
凍結(freezing)	69
凍結点(freezing point)	128
豆板醤(dou ban jang)	139
豆腐(tofu ; soybean curd)	91
動物性食品(animal food based food)	100
特定保健用食品(food for special health uses)	144
特別用途食品(food for special dietary uses)	145
都市ガス(town gas, liquefied natural gas ; LNG)	71
トマトケチャップ(tomato ketchup)	138
トマトピューレ(tomato puree)	138
トマトペースト(tomato paste)	138
トリアシルグリセロール(triacylglycerol)	112
ドリップ(drip)	70, 126
鶏肉(chicken)	104, 105
トレーサビリティ(traceability)	53, 154
ドレッシング(dressing)	138

ナ

生ごみ(combustible garbage)	4
生クリーム(fresh cream)	117
軟化(softening)	60, 65, 74, 103
軟水(soft water)	7, 9, 11
におい(smell)	26
苦味(bitterness)	24
にがり(bittern)	24, 129
煮きりみりん(alcohol evaporated cooking rice wine)	136
煮凝り(fish gelatin gel)	111
煮魚(boiled fish)	111
日常食(daily meals planning)	48
2点識別試験法(paired-difference test)	34, 158
2点嗜好試験法(paired-preference test)	34, 158
日本酒(sake ; rice wine) → 清酒	
日本人の食事摂取基準(Dietary Reference Intakes for Japanese)	42
日本料理(Japanese cuisine)	18
煮物(cooked food)	20, 75
Newell & MacFarlane の検定表(Newell & MacFarlane's table)	37, 162
乳化(emulsifying)	68, 114
乳清タンパク質(whey protein)	116, 127
乳製品(dairy products)	115
乳糖不耐症(lactose intolerance)	115
煮る(boil)	16, 17, 75
糠(rice bran)	80
糠漬け(nukazuke ; fermented rice bran)	18
熱凝固性(thermal coagulability)	113
熱変性(thermal denaturation)	106, 113, 127
粘質物質(mucilage)	88
粘稠性(consistency)	121
濃厚卵白(thick albumen)	111, 113

ハ

HACCP(Hazard Analysis and Critical Control Point)	154
バーチャルウォーター(virtual water)	53
ハーブ(herb)	140
廃棄物(waste)	56
箸(chopsticks)	14
バター(butter)	117
発酵茶(fermented tea)	147
バッター(batter)	84, 85
パネル(panel)	32
パネリスト(panelist)	33
ハレ(special day)	6, 7, 15, 30, 50
半調理済み食品(semicooked food)	142, 143
半発酵茶(semifermented tea)	147
BMI(body mass index)	42, 44

BOD（biological oxgen demand：生物化学的酸素要求量）	54
ビール（beer）	148
非加熱調理（non-heating cooking）	64
ビタミンC（vitamin C）	132
ピラフ（pilaf）	83
麩（fu：wheat gluten cake）	126
ブーケガルニ（bouquet garni 仏）	140
フードマイレージ（food mileage）	53
風味調味料（flavoring seasoning）	137
豚肉（pork）	104, 105
普茶料理（Fucha Ryori）	8
腐敗（putrefaction）	132
不発酵茶（unfermented tea）	147
不飽和脂肪酸（unsaturated fatty acid）	108, 133
フライ（fly）	142
フラボノイド（flavonoid）	94, 95
プランジャー（plunger）	40
フリーズドライ（真空凍結乾燥：freeze-dry）	142
プロテアーゼ（protease）	122
粉砕（crush）	68
分析型検査（analysis type test）	33
分離タンパク質（isolated protein）	126
ペクチン（pectin）	97, 98, 125
変色（discoloration）	87, 88
変性〔タンパク質の〕（denaturation）	132
膨化（puffing）	86
放射（radiation）	74, 77
放射熱（radiant heat）	74, 76
膨潤（swelling）	81, 91, 122
包丁（kitchen knife）	15, 156
防腐（preservation）	128, 130
飽和脂肪酸（saturated fatty acid）	133
ホエイ（whey）	116, 127
保健機能食品（food with health claims）	142, 144
干しシイタケ（dried shiitake mushroom）	100
保存食品（preserved food）	142
保水性（water-holding capacity）	103
ポリフェノールオキシダーゼ（ポリフェノール酸化酵素：polyphenol oxidase）	87, 88, 97, 129, 132
本膳料理（Honzen Ryori）	8, 49

マ

マイクロ波（microwave）	73
磨砕（milling）	68
マスキング効果（masking effect）	110, 135, 136
まな板（cutting board）	15
豆類（beans）	90
マルトース（maltose）	88
ミオグロビン（myoglobin）	101, 103
ミオシン（myosin）	101, 103
味覚（taste sense）	22
味細胞（gustatory cell, taste cell）	22
水（water）	7, 9
ミセル（micelle）	115
味噌（miso）	135
ミネラルウォーター（mineral water）	11, 150
味蕾（taste bud）	22
みりん（cooking rice wine）	136
蒸し物（steamed food）	20
蒸す（steam）	17, 75
メイラード反応（Maillard reaction）	87, 106, 117, 128, 135, 136
目安量（adequate intake：AI）	42
メレンゲ（meringue）	114
目標量（tentative dietary goal for preventing life-style related diseases：DG）	42
もち米（glutinous rice）	81, 83

ヤ

焼き魚（grilled fish）	111
焼き物（boiled food）	20
焼く（roast, broil, grill, bake, toast）	17, 76
野菜類（vegetables）	93
ヤラピン（jalapin）	88
有職料理（Yusoku Ryori）	7
油脂類（oil and fat）	133
油中水滴型（water in oil：W/O）	115, 117
ゆで卵（boiled egg）	113
ゆでる（boil）	17, 74
容量（volume）	60
抑制効果〔味の〕（depression effect）	25

ラ

卵液（pre-cracked egg）	113, 129
離漿（syneresis）	120
離乳食（baby food）	45
緑茶（green tea）	147
ルー（roux）	86
冷却（cooling）	69
冷凍（freezer storage）	69
冷凍食品（frozen food）	144
劣化〔油の〕（deterioration）	134
レトルト食品（retort pouched food）	143
レンチオニン（lenthionine）	26
老化〔デンプンの〕（retrogradation of starch）	120
ろ過（filtration）	68
ローカストビーンガム（locust bean gum）	125

ワ

ワイン（wine）	148
和食（Washoku）	8, 18
割り箸（disposable chopsticks）	15
椀（bowl）	19

編者紹介

大谷貴美子（おおたに きみこ）
　　1974年　大阪市立大学家政学部食物学科卒業
　　1980年　大阪市立大学大学院生活科学研究科後期博士課程修了
　　　　　　京都府立大学　名誉教授

松井　元子（まつい もとこ）
　　1981年　大阪市立大学生活科学部食物学科卒業
　　1993年　大阪市立大学大学院生活科学研究科後期博士課程修了
　　　　　　京都府立大学　名誉教授

NDC 596　175 p　26 cm

栄養科学シリーズNEXT

食べ物と健康，給食の運営　基礎調理学

2017年3月17日　第1刷発行
2025年2月20日　第8刷発行

編　者	大谷貴美子・松井元子
発行者	篠木和久
発行所	株式会社　講談社
	〒112-8001　東京都文京区音羽2-12-21
	販　売　(03)5395-5817
	業　務　(03)5395-3615
編　集	株式会社　講談社サイエンティフィク
	代表　堀越俊一
	〒162-0825　東京都新宿区神楽坂2-14　ノービィビル
	編　集　(03)3235-3701
本文データ制作 カバー印刷	株式会社双文社印刷
表紙・本文印刷 製　本	株式会社ＫＰＳプロダクツ

落丁本・乱丁本は，購入書店名を明記のうえ，講談社業務宛にお送りください．送料小社負担にてお取り替えします．なお，この本の内容についてのお問い合わせは講談社サイエンティフィク宛にお願いいたします．
定価はカバーに表示してあります．

© K. Ohtani and M. Matsui, 2017

本書のコピー，スキャン，デジタル化等の無断複製は著作権法上での例外を除き禁じられています．本書を代行業者等の第三者に依頼してスキャンやデジタル化することはたとえ個人や家庭内の利用でも著作権法違反です．
Printed in Japan

ISBN978-4-06-155394-1